英才的摇篮

上外附中国际胜任力培养的思考与实践

杜越华 著

上海教育出版社
SHANGHAI EDUCATIONAL
PUBLISHING HOUSE

以教育反思为落实立德树人
根本任务提供支撑

对于任何一所学校而言,学生就是学校最显著的标识和品牌。学校的质量,归根结底表现为人才培养的质量;学校的特色,归根到底体现为学生的特色。在教育改革发展整体进入快车道的今天,作为上海外国语大学附属外国语学校(以下简称上外附中)这所外语类中学的"掌门人",新时代要培养怎样的人,怎样在承担好"为党育人、为国育才"历史使命的同时让一所具有深厚历史底蕴的外语中学在新的历史时期更好地绽放光芒,这是一直萦绕在我的脑海中挥之不去的命题。

我长期在上外附中工作,从一名一线语文教师逐步成长起来,先后担任过德育处主任、校长助理、副校长、党总支副书记、书记等职务,2020 年 7 月 9日开始担任校长。在上外附中工作和生活的多年时光中,我亲身感受着这所学校的历史、文化、价值、理念,我也深信,上外附中不论是在人才培养还是课程教学改革、教师队伍建设、学校管理服务等领域,都有很多值得总结和凝练的经验。

在现代学校发展的过程中,校长是一个重要的角色。校长对于学校的整体改革发展要体现出重要的、整体性的引领价值,这种引领首先要表现为思想层面的引领,因而校长首先要做"有思想的实践者"①。校长的教育思想、办

---

① 代蕊华.校长要做有思想的实践者[J].中小学管理,2018(01):14-15.

学思想、发展思想等,可以体现在很多领域,但是对于学校整体办学定位,特别是人才培养定位的设计,应该处于校长办学思想体系中的基础和核心地位。在过去的工作中,我把大量精力都放在了教学和管理实践之中,对于理论层面的思考做得还不够。如今,作为上外附中校长的我,更加有责任有义务从一名研究者的视角反思、提升自己和学校的教育实践,在新的历史环境下以更加独特的思考和深层的实践,更好地探索和回答学校教育对于人才培养的核心问题。

在本书中,我致力于对"培养怎样的人"这一问题的思考,这一探索对我而言,既有源自教育理论学习和学术思辨带来的系统性思考,也有日常办学中源自实践的教育灵感和真切体验。同时,我也希望以书为媒,表达自己作为一个"老附中人"的独特教育情怀,进一步提升自己作为校长的专业素养。基于此,在本书撰写的过程中,我力求打破单纯地记录学校改革发展实践举措的惯有模式,而是从故事或者现象出发,提出问题,呈现思考,总结观点,并以此为基础阐述学校的相应举措,更以一种反思和研究的思维方式介入学校整体改革发展,为自身专业成长提供实践平台,为学校更好地改革发展,更好地承担立德树人的价值使命提供新的支持。

目　录

引言　以持续变革勇担新时代外语类中学的育人使命 ………………… 001

第一章　溯源求真——明晰具有国际胜任力的预备英才培养之理 ……… 005

　　第一节　应时而生：担当全球治理重构的新使命 ………………… 008

　　第二节　立破并举：把握核心素养引领的新机遇 ………………… 012

　　第三节　归本致远：寻求学校特色发展的新动力 ………………… 018

第二章　凝心铸魂——明晰具有国际胜任力的预备英才培养之魂 ……… 025

　　第一节　保持定力：学校教育哲学的理性认知 …………………… 027

　　第二节　积蓄张力：学校教育哲学的孕育生长 …………………… 032

　　第三节　释放活力：学校教育哲学的守正创新 …………………… 036

第三章　课程设计——夯实具有国际胜任力的预备英才培养之基 ……… 045

　　第一节　立足工作实际，形成学校课程建设的源头性思考 ……… 047

第二节 培育核心素养,达成学校课程目标的科学性设计 ········ 053

第三节 坚持系统思考,完成学校课程体系的整体性架构 ········ 056

第四节 创新优化推进,集成学校课程实施的保障性举措 ········ 062

第四章 教学变革——创新具有国际胜任力的预备英才培养之策 ····· 071

第一节 明确价值取向,引领中学外语的教改方向 ············· 074

第二节 深化技术赋能,推进信息时代的融合教学 ············· 083

第三节 落实立德树人,探索课程思政的创新举措 ············· 096

第四节 发挥育人价值,开展基于课标的教学创新 ············· 103

第五章 师资打造——汇聚具有国际胜任力的预备英才培养之力 ····· 113

第一节 坚持科学规划,注重教师队伍的整体性设计 ············· 118

第二节 聚焦师德师风,注重教师队伍的道德性成长 ············· 125

第三节 契合专业发展,注重教师队伍的分层性培养 ············· 131

第四节 面向职业生涯,注重教师队伍的持续性思考 ············· 142

第六章 学生培育——增添具有国际胜任力的预备英才培养之色 ····· 151

第一节 德育铸魂:擦亮具有国际胜任力人才培养的底色 ····· 155

第二节 外语专长:打造具有国际胜任力人才培养的特色 ····· 161

第三节 融合发展:提升具有国际胜任力人才培养的成色 ····· 167

第四节 科创精神:增加具有国际胜任力人才培养的亮色 ····· 174

第五节 生涯规划:彰显具有国际胜任力人才培养的本色 ····· 177

第七章 综合治理——拓展具有国际胜任力的预备英才培养之境 ····· 183

第一节 坚持党的领导,把牢学校治理方向性 ················· 186

第二节 科技赋能教育,推动学校治理现代化 ················ 192

第三节 打造品质后勤,探索学校治理精细化 ················ 195

第四节 筑牢安全防线,落实学校治理常态化 ················ 198

第五节 注重家校联动,彰显学校治理协同化 ················ 201

结语 在中国式教育现代化的征程中绽放教育情怀 ················ 204

主要参考文献 ················ 208

以持续变革勇担新时代外语类
中学的育人使命

教育是培养人的社会活动，"培养什么人、怎样培养人、为谁培养人"是教育之于人才培养的系统问题链。习近平总书记在党的二十大报告中指出，教育是国之大计、党之大计。要"全面贯彻党的教育方针，落实立德树人根本任务，培养德智体美劳全面发展的社会主义建设者和接班人"①。"培养什么人"涉及的是教育的目标问题，在整个人才培养的问题链中具有重要的引领价值。学校教育是教育体系中最基础、最重要的组成部分，是承担人才培养任务的最关键领域。近年来，立德树人作为教育的根本任务越来越成为引领教育改革发展的重要价值导向。因此，如何在立德树人的整体范畴中科学思考和把握学校教育的发展方向和培养目标，考验着每一位教育工作者，也影响着每一所学校的变革。

学校教育对于人的培养，不是抽象的，而是具体的、完整的、实践的。"具体的人"是生活中、活动中的人，意味着学校教育是生动个性的，要关注每一个学生的生存、生活和生命②，了解并尽可能满足学生的生命成长需要，以个性化的、可选择的课程、教学、管理和服务促进学生成长和发展。当

---

① 习近平.高举中国特色社会主义伟大旗帜　为全面建设社会主义现代化国家而团结奋斗——在中国共产党第二十次全国代表大会上的报告（2022 年 10 月 16 日）[EB/OL].[2023 - 01 - 17].https://www.gov.cn/xinwen2022/10/25/cotent_5721685.htm.

② 刘徐湘,胡弼成.教育学中"具体的人"——现象学的视域[J].高等教育研究,2005(03)：17 - 22.

下教育倡导的因材施教、个别化教学、学生学习过程和结果的针对性记录分析、教与学评价的改革等，都是"具体的人"的思维方式在教育变革实践中的体现。"完整的人"是身体与精神合一的人，是情感、意识、知识融合的人，也是全面发展的人。① 从这个角度出发，教育就是要把一个人在体力、智力、情绪、伦理各方面的因素综合起来，使他成为一个完善的人。② 从新课程改革"完整的人"的目标设定③到核心素养教育理念的倡导④，再到"德智体美劳"全面发展的人才培养体系的建构，实际上都反映了教育对于"完整的人"的价值追求。"实践的人"是能够运用所学的知识主动积极并有效地参与社会生活，在发现问题、分析问题和解决问题的实践活动中彰显个体价值的人。这要求学校教育不是封闭的空间和静态的学习，而是要建构一种更切合学生生活世界的学习空间，通过个性化的人才培养路径探索，提升学生的综合实践能力，培育学生全面发展素养，帮助学生建构理论和实践的关联渠道。

教育是党之大计、国之大计。任何一所学校，首先要承担起"为党育人、为国育才"的历史使命，要把国家层面对于人才培养的各方面要求不折不扣地落实到学校整体发展和人才培养的实践体系之中，践行立德树人根本任务，落实党的教育方针政策，只有如此才能保证学校发展的正确方向。与此同时，身处新时代教育改革发展浪潮，每所学校也应该明确地认识到新时代我国教育改革发展呈现的诸多维度的新特征。例如，教育发展的价值取向上体现出的由生存性教育向发展性教育的转变；教育发展动力上体现出的外部引导为主到内外因共同驱动的转变；教育发展着力点上对于教育"均衡与充分"的关注；教育发展格局上对于"全面、全方位、全人"教育的追求等。⑤ 这些

① 李润洲.完整的人及其教育意蕴[J].教育研究,2020,41(04)：26-37.
② 联合国教科文组织.教育——财富蕴藏其中：国家21世纪教育委员会报告[M].联合国教科文组织总部中文译本,北京：教育科学出版社,1996：195.
③ 钟启泉,等.为了中华民族的复兴 为了每位学生的发展——《基础教育课程改革纲要（试行）》解读[M].上海：华东师范大学出版社,2001：10.
④ 林崇德.21世纪学生发展核心素养研究[M].北京：北京师范大学出版社,2016：30.
⑤ 罗莎莎,靳玉乐.新时代教育发展的特点与使命[J].教师教育学报,2019,6(02)：1-7.

转变一方面赋予了新时代学校教育新的发展动力、使命和机遇，另一方面也迫切需要每一所学校寻找到契合学校特色的高质量发展路径，提升学校办学整体质量和人才培养水平，以更多特色的、优质的学校教育满足人民群众对于"公平而有质量"学校教育的广泛需求。

本书所述"国际胜任力"，也称作"全球胜任力"或"全球素养"，是 21 世纪知识社会人才培养的重要能力。从世界范围的教育改革来看，国际胜任力是各国核心素养或关键能力的重要组成维度。自 1988 年"国际胜任力"这一概念最早在美国提出，到 2018 年 1 月经济合作与发展组织（Organization for Economic Co-operation and Development，OECD）明确提出将国际胜任力作为国际学生评估项目（Programme for International Student Assessment，PISA）的组成部分，标志着国际胜任力教育的实质性进展，这必将促进各国去反思本国推进国际胜任力的路径和进程。从全球教育改革发展和人才培养的变革趋势看，尽管众多国际组织和国家都将国际胜任力作为重要的维度纳入其核心素养框架，并且已经围绕学生国际胜任力的培养开始系统性的课程教学变革，但对于国际胜任力的内涵阐释，至今仍然缺少公认的标准和解读。从学生国际胜任力培养的进展趋势看，整个国际社会越来越认识到，学生国际胜任力的培养尽管脱胎于联合国教科文组织（United Nations Educational，Scientific and Cultural Organization，UNESCO）长期倡导的国际理解教育项目，但其不应该仅仅表现为学生的跨文化意识和国际理解素养，更为重要的是表现为学生在开放环境、文化交织中解决全球性问题的实践能力，是一种面向未来国际竞争与合作的综合实践能力。从我国的实际情况看，对于培养学生国际胜任力的思考和探索，主要是伴随着我国参与全球教育合作层级的深入和我国国际地位的不断提升而产生的，培育具有国际胜任力的高素质人才已逐步成为我国当下和未来学校课程教学和人才培养改革的重要目标与价值导向。

上外附中作为一所外语特色校，创办于 1963 年，是周恩来总理亲自批示成立的七所外国语学校之一，直属教育部，被誉为"培养外语外交人才的摇篮"。在 60 年的办学历程中,上外附中始终秉承"服务祖国发展、服务人类进步"的办学宗旨和独特的人才培养理念,不仅为国家培养了大量优秀外交人才,也形成了独特的办学品牌。优良的教育品质、深厚的校园文化孕育和成就了以杨洁篪、王光亚、崔天凯、谢锋、沈蓓莉等为代表的一批批心系中华、放眼世界的优秀校友。近年来,上外附中在"一带一路"倡议背景下,持续关注新时代全球治理人才的培养问题,在新的历史条件下对学校一以贯之的人才培养目标进行了重新思考、界定和设计,并围绕其开展了一系列行之有效的探索,有效实现了学生国际胜任力的培养,也顺应了国家战略和时代发展需要,打造了课程教学和人才培养的特色样本。

多年来,上外附中牢牢把握"以学生为本"的思想价值和立德树人的核心使命,把握中学这一学生价值观培养和综合能力提升的关键时期,主动对接国家战略和新时代中学教育教学改革需要,通过系统性的设计和实施,在价值思考、目标设计、实践路径、反思展望四个维度,涵育新时代具有国际胜任力的"全面发展、复合型、国际型预备英才"培养之道。一是国际胜任力的新时代预备英才培养价值思考。着眼于国际国内环境、重大方针政策、新时代教育教学改革、学校独特办学定位等,系统分析具有国际胜任力的新时代预备英才培养的背景,借以呈现新时代预备英才培养的多元价值。二是国际胜任力的新时代预备英才培养目标设计。从学校教育哲学厘定的角度,结合当下关于全球素养、全球治理能力、核心素养等的相关研究,呈现学校对于新时代预备英才培养的校本化目标设计,论证其合理性与可行性。三是国际胜任力的新时代预备英才培养实践路径。着重从课程建设、教学改革、教师队伍、路径创新等维度,呈现学校在培养具有国际胜任力的预备英才过程中的主要方法。四是国际胜任力的新时代预备英才培养反思与展望。全面呈现学校以"具有国际胜任力的新时代预备英才培养"为抓手的系统变革所取得的成效,着眼中国式教育现代化等命题,分析未来学校外语人才培养的新理念和新命题。

第一章

溯 源 求 真

——明晰具有国际胜任力的预备英才培养之理

上外附中适时提出"培养具有国际胜任力的预备英才"这一命题，回应时代的需求，探索全球治理人才培养策略，提升办学质量。

在我看来，具有国际胜任力的预备英才必然是具有坚实文化基础的人，必然是能够主动学习并且不断提升自我的人，必然是热心于社会事务甚至能够在国际组织中任职并完成使命的人，这实际上与中国学生核心素养体系中的"文化基础、自主发展、社会参与"三大体系有着深度的契合。

教育是民族振兴、社会进步的重要基石,是功在当代、利在千秋的德政工程。近年来,习近平总书记就教育工作作出了系列重要讲话,国家层面先后制定出台多项文件,教育事业地位整体提升到新层次。党的二十大报告中强调"加快建设教育强国";习近平总书记在中共中央政治局第五次集体学习时再次强调,"我们要建设的教育强国,是中国特色社会主义教育强国",进一步为教育事业发展指明了方向。对于教育事业地位的认定,源自对教育事业价值的认可,任何层面的教育活动都不可能回避价值问题。从概念上说,价值是客观事物满足主观需要的程度。价值的存在和分析,是推动教育改革行为的认知前提和行动基础。在教育改革发展日渐深入的今天,教育本身的复杂性日渐彰显,不同教育主体对于教育改革和发展实践活动的参与、期待等有着不同的特点,因而,思考教育的价值问题也应该跳出单一的视角,认识到教育改革和发展是一个多方合力的过程。① 如何在不同主体、不同元素的平衡中形成教育改革和发展的价值共识,在很大程度上决定了教育改革行动本身的合理性,而这种价值共识的形成,实际上也是学校在课程教学和人才培养改革的过程中对于社会发展、教育变革整体趋势的把握,以及对于学校自身问题、定位、目标的分析。

2021 年 8 月初,上外附中模拟联合国社团多名学生在教师的带领下,在北京国际会议中心参加了 2021 蔚蓝国际全球中学生模拟联合国大会(WE Model United Nations EXPO,简称 WEMUN EXPO),斩获佳绩。我校代表团获得了最佳代表团奖(best delegation),七名学生分别获得最佳外交风采奖(best diplomacy)、杰出代表奖(outstanding delegate)等。WEMUN EXPO

① 靖东阁.基础教育改革多元价值取向论[J].当代教育科学,2015(06):3 - 6.

是由蔚蓝国际主办的一项全球范围内的模拟联合国比赛，聚集了由众多知名大学主持的分会场。我校学生参加了世界卫生组织大会（WHO）、人权委员会（HRC）、阿拉伯联盟大会等，参与讨论了战争地区的医疗、中东地区的石油与冲突、性别收入不均、虚拟货币、粮食的可持续发展等多方面的问题。第一次参加该活动并获得杰出代表奖的乔思宁同学坦言，"这次是我第一次参加模联，感觉更多的可能是新奇感。模联比起其他比赛，更加注重社交和合作，像撰写工作文件、决议草案不是仅凭一个人的力量就能很好地完成的。对于裁军类的话题，除了前期周密准备、自信发言，善于寻找国家之间立场的共同点并且平衡各国利益也是很重要的。这次的模联经历相当难忘"。

参与模拟联合国大会，展现的是学生的国际视野和综合素养；我校学生多次参与，屡次获奖，体现的是学生国际胜任力的培养成效。时光倒转，用回溯的眼光去审视近年来学校对于人才培养的独特思考和个性化设计，能够清晰地感受到这种思考和设计所体现出来的对学校教育改革多维度价值的综合考量和尊崇。对于学校而言，提出"培养具有国际胜任力的预备英才"这一命题，以及围绕这一命题开展课程、教学、管理、文化等领域的系统性变革，是一种教育改革的校本化尝试，需要从多个维度审视其价值，进而形成变革的价值共识。

第一节　应时而生：担当全球治理
　　　　重构的新使命

教育产生于生活，并与整个社会发展紧密互动，教育与社会的关系也是研究教育问题和探讨教育改革中必然面临的首要关系。动态变化的社会与教育的关系，不是单纯的决定和制约的线性关系，而是相互影响，始终处于互动过程之中。[①] 因此，现代教育语境下的学校教育改革与发展，不是一种孤立

---

① 张行涛.教育与社会共变格局与过程[J].集美大学学报(教育科学版),2004(01)：42-46.

于经济社会发展体系之外的独立存在,而是要与整个社会发展有机融为一体,既要从社会的整体发展中不断寻找支撑学校教育改革发展的资源和要素,也要通过学校变革不断培养匹配经济社会发展需要的各种人才,以高质量人才培养推动经济社会的可持续、高效能发展。因此,对于学校教育而言,在思考培养什么人的教育根本性问题时,首先需要考量的就是社会发展的因素,要将社会发展衍生的时代性命题及其人才培养需要有机融入人才培养的整体设计和学校教育教学的系统变革之中。

一、遵循世情发展,优化全球治理体系是人类社会的共同命题

人类社会进入 21 世纪以来,全球化、信息化发展加剧,人类社会发展各种矛盾冲突、利益分化的现象不断出现,在这样的整体环境下,人类社会走向何方,成为全球共同关注的话题。在此类话题的讨论中,重构全球治理体系始终是焦点问题。很长一段时间内,二战后由主要大国和联合国共同倡导建构的雅尔塔体系一直是维系和开展全球治理的基本体系。[①] 然而,进入新世纪以来,国际格局的深刻变化对于重构国际治理体系的呼声越来越强烈,特别是国际社会力量对比的变化,国家之间相互依赖程度的加深以及全球性问题的复杂性、影响力不断扩大,这些因素迫切需要打破二战之后形成的"霸权治理"思维,从而倡导一种更加契合时代发展的"合作治理"思维。

面对全球治理的人类共同问题,世界各国和国际组织都纷纷提出旨在优化全球治理体系的战略举措。在这一过程中,习近平总书记所倡导的全球治理观越来越受到国际社会的认可和肯定。习近平总书记提出的全球治理观,以打造人类命运共同体为核心价值和目标,既有效传承了中国传统文化中的"家国天下"思想和我国一贯倡导的和平外交理念,又充分考虑了当前世界政治、经济、社会发展的总体态势和规律,建构了一种涵盖政治、经济、安全、生态、网络等领域的系统性治理体系,为解决全球性问题,优化全球治理体系提

---

① 张贵洪,杨理伟.从霸权治理到合作治理:百年变局下全球治理体系变革的进程与方向[J].当代世界与社会主义,2022(04):4-13.

供了中国方案和中国智慧,成为广受全球关注并具有多元价值的新型全球治理观。对于全球经济、社会发展而言,它提供了一种全球治理的新思路,倡导人类命运共同体意识,为解决全球治理问题设计了一种可行的战略举措;对于中国国际地位的提升和中国共产党的国际影响力而言,它所蕴含的智慧、格局体现了当代中国和中国共产党的独特魅力;对于教育改革发展而言,它提供了一种新的人才培养导向,让参与全球治理成为思考和设计人才培养之道的重要考量元素。

二、回应国情期待,国际胜任能力是参与全球治理的现实需要

化解全球治理危机,推进全球治理格局的重构,关键是要培养具有国际胜任力的高素质专门化人才。近年来,随着"一带一路"倡议和习近平总书记全球治理理念的提出,培养具有国际胜任力的高素质人才的理论思考和实践探索越来越多地出现。不论是从国际社会还是从国内实际看,对于具有国际胜任力的高素质人才培养的思考和探索,都不能说是一个新的命题。从国内的情况看,不论是《国家中长期教育改革和发展规划纲要》提出的"具有国际视野、通晓国际规则、能够参与国际事务与国际竞争的国际化人才"培养目标[①],还是习近平总书记近年来多次在不同场合强调的"提高我国参与全球治理能力""加强全球治理人才队伍建设""破解参与全球治理的人才队伍瓶颈问题"等重要论述[②],实际上都隐含了对于培养具有国际胜任力的高素质人才的现实要求。这些论述不仅从政治的高度界定了全球治理人才的素养体系,也为教育领域培养具有国际胜任思维和能力的高素质专门化人才提供了改革的方向。

从目前关于国际胜任力人才培养的研究来看,大量的研究多为通过中国在国际组织中任职人数的分析来总结国际胜任力人才培养的经验、问题和改

---

① 中国政府网.国家中长期教育改革和发展规划纲要(2010—2020 年)[EB/OL](2010 - 07 - 29)[2022 - 12 - 29]. http://www.gov.cn/jrzg/2010 - 07/29/content_1667143.htm.

② 新华社.习近平:为我国参与全球治理提供有力人才支撑[J].中国人才,2016(19):2.

革路径。比如有的研究通过对联合国系统中人事数据的分析和对中国籍工作人员的访谈,阐释了目前在联合国等国际组织中任职的中国籍人员的工作现状,分析了这些人员在能力素养上的优势与问题,进而对优化中国人在国际组织中任职的工作成效以及培养在国际组织中胜任工作的员工能力与素质等提出了建设性的意见[①];有的研究通过分析《联合国能力发展实用手册》,梳理了国际组织工作的能力素质要求,并据此提出了多样化的国际胜任力培养模型、体系和方法[②]。诚然,在国际组织中任职并发挥作用,这是参与全球治理,彰显国际胜任力的最直接的方式,也是贡献中国智慧的最有效办法。但从人才培养的角度看,培养具有国际胜任力并能够参与全球治理的高素质人才,不能够单纯地以在国际组织任职的人员数量为评价标准。也就是说,教育改革和人才培养的改革,目的不是把所有的学生最终都送到国际组织中去任职,而是培养能够胜任国际事务、具有参与国际治理的意识和能力的人才。从这个角度出发,倡导具有国际胜任力的预备英才培养,这不是一个目的,而是一个意识,更是一种改革的导向。也就是要用具有国际胜任力的综合素养作为人才培养的一种导向,重点培养学生的国际视野和家国情怀。这种素养并不一定需要通过在国际组织中任职来最终体现,实际上,这种素养对于国际化、全球化背景下学生将来承担任何工作都是有积极价值的。

三、彰显校情特质,专业预备英才培养是学校发展的重要导向

梳理近年来关于国际胜任力和全球治理人才培养的相关研究和实践,几乎所有的探索都集中于高等教育领域,各高校围绕全球治理问题变革人才培养体系成为国际胜任力人才培养的共性话语方式。比如,中国人民大学建立了体系完备、富有特色的国际组织人才培养模式[③];再如,外交学院注重通过

① 桂天晗,薛澜,钟玮.全球治理背景下中国国际组织人才战略的思考——基于对联合国人事数据及工作人员访谈的实证分析[J].清华大学学报(哲学社会科学版),2022,37(05):193-207+213.
② 贾文键.积极配合国家对外战略,大力培养国际组织人才——实习生国际组织胜任力研究[J].区域与全球发展,2018,2(04):5-18.
③ 张毅博.构筑全球治理人才培养高地[N].中国教育报,2021-05-31(05).

外语与其他专业的融通,不同专业的联通,不同学段培养的贯通,专业学习和实践活动的畅通等,建构了"四通"为特色的人才培养体系,有效培养了具有全球胜任力的高素质人才[①]。尽管高校是人才培养最为重要的平台,但是人才的培养是一个前后相继的过程,不同学段的教育承担着不同的价值和使命。对于学生参与全球治理的意识塑造和国际胜任力的培养,中学阶段也有着不可替代的作用,因为这一时期是学生价值观形成的重要时期,也是学生思想、意识、行为建构的关键时期,学生好奇心强,学习能力足,其他方面的干扰少。因此,培养学生的国际胜任力,不是高校的单独任务,而是整个国民教育系统都应该关注的命题。如果说参与全球治理和具有国际胜任力为人才培养提供了一个完整系统的目标体系,那么中学教育理应成为这个目标体系达成的重要一环。特别是对于外语类中学而言,外语教育的独特资源能够让学校在培养学生国际胜任力的过程中有更多的优势。在这样的情况下,上外附中提出探索具有国际胜任力的预备英才培养,不仅是学校教育主动适应经济社会发展的需要,也是探索新的全球治理人才策略,推动学校办学质量和人才培养变革的需要。

第二节　立破并举:把握核心素养引领的新机遇

纵观近年来的基础教育研究与实践,对于核心素养的关注日渐成为焦点领域,既体现了当下教育教学改革中对于立德树人根本任务的更高层次的理解,体现了以人为本的教育价值和理念,也为实践领域的教育教学活动回归"育人"的本质提供了一种可行性的理论指导与实践体系。从宏观的层面看,核心素养倡导教育教学和人才培养的系统性变革,是一种契合新时代教育教

---

① 孙吉胜.中国参与全球治理与全球治理人才培养的思考[J].中国外语,2022,17(06):4－10＋34.

学和人才培养的新型理念,也是国际社会共同认可的教育改革思维方式;从微观的层面看,核心素养要通过学校教育进行落实,如何将核心素养的理念通过学校个性化的人才培养设计和课程教学改革进行转化和落实,考验着每一位教育工作者,也赋予每一所学校新时代教育改革发展场域下的新命题和新任务。

一、构建素养模型,引领教育改革长盛不衰

从国际层面看,核心素养命题的提出主要源于人们对于"未来时代需要培养怎样的人"这一命题的思考。第一次较为明确地提出核心素养概念的,是 OECD 在 1997 年启动的"国际学生评估计划",也就是目前已经被大家熟知的 PISA 计划。按照 PISA 计划的设计,作为一名经历正式学校教育的学生,其在完成基础教育阶段的学习之后应该获得能够保证其成功参与社会生活所必需的核心知识与技能。但是,这些核心知识与技能究竟应该怎样描述,怎样形成国际层面一致的认可,这是一个前所未有的工作。为了客观评定世界各国学生在校学习期间达到的知识和能力水平,并为更好地获得这些知识与能力提供一种可行的评估框架与指导策略,经济合作与发展组织进一步启动了"素养界定与选择项目",这是国际大型测评项目中第一次明确提出"素养"的概念。经过一系列的调查、论证,经济合作与发展组织于 2003 年发表了一份重要报告——《为了成功人生和健全社会的核心素养》,明确提出了该组织设计的核心素养框架。这一框架的提出,不仅提供了一种可供参考和借鉴的核心素养体系,为世界各国课程教学和人才培养的改革提供了一种新的目标和导向,也引发了世界各国和国际组织对核心素养模型建构的广泛兴趣。例如,欧盟参照经济合作与发展组织的核心素养框架,于 2006 年在教育与培训领域推出了引领终身学习的核心素养框架;联合国教科文组织和美国布鲁金斯学会联合发布的《全球学习领域框架》,为基础教育领域学生核心素养的评价和培育提供了一种具有实践价值的、周全的评价指标。上述三大国际组织的核心素养框架和模型,从多个维度界定了未来社会人才培养的素养

体系,不仅在国家社会教育改革和人才培养变革中发挥了重要的引领作用,也昭示着核心素养的培养应该引领教育改革发展的重要趋势。

在三大国际组织核心素养框架体系的影响下,世界各主要教育发达国家纷纷启动了本土层面的核心素养框架体系研制工作。这些体系尽管具体的指标和实践要求不同,但是都无一例外地成为新世纪本国基础教育课程教学和人才培养变革的重要指导思想。如何有效地培养学生的核心素养,正在成为一种长盛不衰的教育变革潮流。在这样整体的潮流中,我国顺势从 2013 年开始,在广泛借鉴国际经验的基础上,立足本国教育教学改革和人才培养的特色、需求,着手实施了"基础教育和高等教育阶段学生核心素养总体框架研究"项目。在这一研究过程中,国家层面一方面注重通过政策制度的配套,弘扬一种"核心素养"的价值导向和教育改革氛围,比如 2014 年 3 月 30 日教育部下发的《全面深化课程改革落实立德树人根本任务的意见》文件中明确提出了"核心素养体系"的概念,并且将核心素养作为深化课程教学改革,落实立德树人教育根本任务的基础性目标和贯穿始终的主线;另一方面,注重依托高校和科研院所的学术资源,开展中国学生核心素养体系的研制工作,2016 年 9 月,中国学生发展核心素养课题组以"全面发展的人"为核心公布了中国学生核心素养体系,包括"文化基础、自主发展、社会参与"三个主要方面和"人文底蕴、科学精神、学会学习、健康生活、责任担当、实践创新"六个具体指标。至此,中国学生核心素养体系正式得以建构,并且逐渐成为引领中国课程教学和人才培养改革的重要思想。

核心素养概念的提出、框架的厘定以及其所倡导的课程教学变革之道,是一个系统复杂的工程,具有重要的理论和实践价值,其中既有核心素养概念、内涵、价值的阐释,也有其蕴含的教育变革、课程改革、教学创新等维度的价值要求。从理论上说,它建构了一种新的时代背景和课程教学改革背景下如何更好地理解"教育需要培养怎样的人"这一问题的新范式,提供了课程教学改革的新理念、新思路;从实践的角度看,核心素养被界定为学生适应终身发展和社会生活所必需的品格、能力,是一种超越一般知识、能力的综合性素养,它更接近于真实的生活,更指向于学生解决实际问题的能力,因而它能够从学生学习结果的角度出发去描述未来社会所需要的人才及其标准,能够为深化课程教学改革,推动人才培养方式的创新提供实践指导。从这个意义上说,核心素养提供了适应未来社会的人才培养目标体系,符合人才培养的国际趋势,对于设计学校教育目标,推动教学理念和方式的转型具有直接的借鉴价值。

在我看来,具有国际胜任力的预备英才必然是具有坚实文化基础的人,必然是能够主动学习并且不断提升自我的人,必然是热心于社会事务甚至能够在国际组织中任职并发挥使命的人,这实际上与中国学生核心素养体系中的"文化基础、自主发展、社会参与"三大方面有着深度的契合。同时,具有国际胜任力的预备英才培养目标校本化的建构,能够形成一种从宏观的核心素养到具体的课程、教学、学科目标之间的过渡和关联,有效串联起学校的教育教学目标体系,为学校课程教学、人才培养、管理服务、文化保障等领域的改革提供更契合实际的引领。由此,探索具有国际胜任力的预备英才培养之道,是对核心素养导向的课程教学和人才培养的落实,也能够通过一种特别的方式引导学校整体融入当下的课程教学改革大潮,形成具有学校特质的课程教学与人才培养范式。

二、探索学校转化,推动核心素养落地生根

核心素养的提出,本质上是一个实践性问题。要落实核心素养,必然需要实践领域教育教学和人才培养方法的创新。对于学校而言,更应关心的是核心素养在学校层面的个性化转化和落实问题。特别是对于一线教育管理者和教师而言,与其将过多的精力放在核心素养概念、理念的阐释之上,不如从学校教育的角度出发,真正落实核心素养的理念和要求。首先,需要认识到核心素养提供的是一种整体性的教育目标,需要从这一宏观的、整体性的目标出发,结合学科教学的特点,建构清晰完整的课程目标、学科目标、教学目标等,形成从宏观到微观的目标体系;其次,也要认识到核心素养的培育实

际上呼唤的是课程教学的整体性变革,需要课程内容、教学方法、评价体系的整体创新,也需要教师教学思维和观念的转型重构。这两个方面要求的落实有一个基本前提,那就是必须要对核心素养理念下的学校教育教学行为选择有一个清晰合理的解释。

在核心素养理念下,学校有两个方面的问题迫切需要解决。一方面,如果将核心素养作为一种人才培养的整体性目标设计,那么需要在核心素养的框架体系下进一步明晰学校层面的人才培养目标定位。从某种程度上说,核心素养体现的是国际层面、国家层面对于人才培养的整体性要求,它具有宏观的指导意义。但是具体到每一所学校,每一所学校都有自己独特的办学历史、发展理念和人才培养定位。如何在核心素养的范畴下重新审视学校的办学理念和人才培养目标,通过校本化的人才培养目标厘定有效落实核心素养理念下的人才培养需求,这是关系核心素养落地的首要因素。这意味着对于学校而言,核心素养理念下的教育教学改革,并非要在人才培养目标上做到对核心素养一字不差的尊崇,而是要结合核心素养的理念进行个性化的设计,寻找到学校个性化人才培养定位和核心素养之间的内在契合。

另一方面,如果将核心素养作为一种课程教学改革的理念,那么需要在学校课程建设、教学改革、教师发展、教育评价、学生培养等维度进行路径和策略上的个性化设计。核心素养最有价值的领域应该体现在课程教学上,不论是 2017 年开始的高中新课程改革,还是 2022 年版的义务教育新课程标准颁布,一个重要的价值导向都是强调了立德树人的价值和核心素养的培育。以语文学科为例,2022 年版的《义务教育语文课程标准》,不仅鲜明地确立了素养型为主导的课程和育人目标,倡导了结构化的语文课程内容设计,开发了表现性的语文学业质量标准,而且更加明确了学生语文学习的主体地位,倡导学习方式的重大变革,特别强调了语文学习任务群的概念,对语文学习任务群的不同实施形态和设计方法、要素等都进行了详细说明。这实际上就是通过一种核心素养导向的课程教学变革倡导语文教学整体育人价值的回归。再以数学学科为例,基础教育阶段数学学科的课程教学改革同样在不断强化学科核心素养的概念。2022年版的《义务教育数学课程标准》明确提出数学课程落实立德树人根本任务,确立核心素养导向的课程目标。这种基于核心素养的课程教学和人才培养目标设计,不仅强调了数学教学中对于学生终身发展的充分考量,强调了学生独立思考、合作交流、实践能力和创新意识的培养,强调了通过适切的教学和评价方式帮助学生学会数学学习,积累数学学习的自信心,而且从课程内容的整合,跨学科教学等维度,倡导教师立足学生核心素养的培育来安排课程和教学。这显然是一种不同于以往的数学课程教学和人才培养观点,也体现了核心素养对于当前义务教育阶段数学教学改革的导向功能。

不仅义务教育阶段的新课程改革倡导了对于核心素养价值的重视和塑造,高中新课程、新课标改革(简称"双新"改革,实际上也体现了核心素养的价值导向。从现有的对高中"双新"改革的解读看,此次改革,特别是各学科课程标准的颁布,最重要、最核心的价值就在于明确凝练了学科核心素养,同时基于不同学科的核心素养形成了新的课程目标、课程结构和学业评价标准,从而构成了一种区别于以往学科教学的新的理论与实践体系。自高中"双新"改革以来,如何理解和践行学科核心素养的培育日益成为学科教学研究与实践关注的焦点问题。以高中语文学科的"双新"改革为例,尽管其所倡导的新理念、新方法是多维度的,但是贯穿其中最具有整体引领价值的,一个是立德树人的学科教学整体价值,另一个就是语文学科核心素养的凝练和培育要求。这意味着如何探索契合核心素养理念的课程、教学、管理、评价之道,是摆在学校面前的重要实践性问题,也是核心素养能够真正落实落地的关键问题。

核心素养提供了在新时代教育背景下重新审视和重构学校课程教学和人才培养体系的新的理念与思维方式。要推动核心素养落实落地,需要对核心素养的目标体系和教育理念进行校本化的设计和转化。上外附中作为一所涵盖了初中、高中双学段教育的学校,如何利用自身的特点和优势,整体协同推进核心素养导向的课程教学改革,显然是一个值得思考和探究的命题。

从某种意义上说,上外附中提出要培养具有国际胜任力的预备英才,并对这种人才培养的具体目标和行动路径进行设计探索,正是结合学校实际对核心素养的一种创造性转化,能够解决核心素养的落实落地问题。尤其要指出的是,这种转化既符合核心素养培养的要求和趋势,也符合学校一以贯之的人才培养之道和办学精神之魂。

第三节 归本致远:寻求学校特色发展的新动力

任何层面的改革发展都需要解决动力的问题。按照英国高等教育理论家埃里克·阿什比(Eric Ashby)的观点,推动教育改革的动力至少应该有三个层面:社会层面或者社会群体对于教育公平追求形成的教育改革动力,也就是社会力量;政府层面对于科学调配教育资源配置的行政力量,即政府力量;学校内部对于教学品质、人才培养质量提升的内在要求以及采取的主动的变革行为,即学校力量。[①] 这意味着推动教育改革的动力不是单一的,而是复杂、系统的,这种动力至少可以从政治力量、社会需求力量和学术力量等维度解读。从学校内部的角度看,引领学校改革发展的动力也是多样的,其中,学校对于未来发展的整体性目标设计是一种重要的精神引领、目标引领和价值引领。对于上外附中而言,提出培养参与全球治理的预备英才实际上也是一种对于学校整体办学和发展的个性化目标定位和设计,能够推动学校的特色发展与办学品质提升,也能够为学校整体改革和发展提供新的引领和动力。

一、回归人的教育,高中教育政策演进蕴含特色化追求

中国教育的诞生和发展历史久远,但是中国现代高中教育的萌芽却大致

---

① 阿什比.科技发达时代的大学教育[M].滕大春,滕大生,译.北京:人民教育出版社,1983:114.

仅有 100 年左右的历史。上世纪二三十年代,中国开始出现现代高中教育的雏形,这种教育自诞生之日起就被打上了鲜明的"精英教育"特征,其价值主要被界定为"为高等教育培养和输送专门化的高质量的人才",正如 1932 年国民政府颁布的《中学法》中界定的那样:高中教育的核心在于"培育健全国民,为研究高深学术及从事各种职业之预备"①,这种高中教育的价值定位对我国整个高中教育的改革发展影响深远。根据相关政策的分析,自新中国成立以来,我国普通高中特色化发展大致可以划分为四个阶段:点状尝试阶段、综合探索阶段、全面发展阶段、战略创新阶段。② 不同阶段的高中教育特色发展有不同的重心和举措,但是通过整体回溯这四个阶段来看,有一个特征是非常明显的,那就是对于特色发展的重视始终伴随着高中教育的改革发展,并且在进入新时代之后,高中特色发展更加成为高中教育改革的焦点,蕴含着丰富的研究契机和变革空间。时至今日,高中特色发展更多地出现在了党和国家及各级政府的教育政策之中,高中教育同其他各级各类教育一样,其改革和发展上升至国家战略高度。在这样的整体背景下,高中教育的多样化发展形成了上下联动的格局,除了国家层面的政策支持之外,各地各校因地制宜的探索不断出现,不同主题的特色化高中开始不断出现。

从本质上说,高中特色发展目的是通过有序有效的学校改进实现更高质量的人才培养。"学校改进"是近年来国内外教育改革研究中的热词,它不仅意味着要使学校成为学生学习更好的场所,更意味着一种提升学生水平和优化学校管理的非凡的教育改革方法。③ 毫无疑问,这种改革需要一定的政策支持。英国学者 H. K. 科尔巴奇认为,政策"是一种给思想贴上标签的方式,也就是我们理解世界是什么以及世界应该是什么的方式"④,它总是与一定的实践目的,特别是政府某一领域的行政实践目的相关联。由此,教育政策可

---

① 杨建超,孙玉丽.高中教育的历史演进及启示[J].河北师范大学学报(教育科学版),2014,16(05):46-51.
② 顾霁昀.普通高中特色发展的路径研究[D].上海:华东师范大学,2022:17-20.
③ 霍普金斯,爱恩思科,威斯特.变化时代的学校改进[M].孙柏军编译,北京:北京师范大学出版社,2016:4.
④ H. K. 科尔巴奇.政策[M].张毅,韩志明译,长春:吉林人民出版社,2005:10.

被理解为实现教育目的的公共方针之体系。① 教育政策的制定不是随意的，而是与时代发展同频共振，能够及时反映统治阶级的教育变革需求，体现出鲜明的动态过程，这种动态过程也被怀特海等人尊崇为世界的本质②。剖析高中特色化建设政策制定和实施的动态过程，不仅有助于我们更好地把握我国高中教育的整体改革和发展，也有助于我们更清晰地分析高中特色发展政策中的现实问题。

高中特色化建设和发展，既是时代发展赋予高中教育的使命，也是教育以人为本在高中阶段的重要体现。一方面，随着经济社会发展与变革的日益加快，人类社会进入新的历史发展阶段，经济全球化、生活信息化和学习社会化等趋势日渐明显，不仅重塑了我们的生活样态，也对人才培养提出了更加多样性的要求，通过学校特色化的教育培养个性化、多元化的高素质人才成为时代发展过程中世界各国在教育改革和人才培养创新中的共性选择；另一方面，人是教育的原点和归宿，差异性是人之为人的生存性基础，这种差异性在教育领域就体现为不同学生在认知风格、思维品质、发展基础、成长空间等层面的差异，正是从这种本源性的差异出发，现代教育理念要求给学生更加人性化的人文关怀和指导，③而高中特色化发展正是这种关怀和指导的具体体现。

二、聚焦人的培养，目标路径创新改革提炼关键性指标

教育的原点和对象都是人，人的特点、成长需要、发展空间是有差异的，因此，要真正建构指向"人"的教育体系，必须能够从人的差异性入手提供丰富的、可选择性的教育，推动教育的供给侧改革。在这样的整体认知下，推动学校特色发展，打造"特色学校""学校特色"越来越成为近年来教育政策制定

---

① 筑波大学教育学研究会.现代教育学基础[M].钟启泉译,上海：上海教育出版社,1986：195.
② 温恒福,杨丽.过程哲学与中国教育改革——探索中国教育改革的另一种可能[M].北京：教育科学出版社,2016：23.
③ 徐士强.同质、多样、创新：普通高中发展热点问题辨析[J].中小学管理,2010(10)：44-45.

和学校内涵发展的高频词。对于"特色"的追求，不仅彰显了教育指向人的价值追求，也隐含了国家以及社会大众对于教育改革发展的理性期待：通过学校特色的打造，改变各级各类学校"千人一面"的局面，彰显学校教育对于个性化、差异性、多元化的追求，为真正落实"以人为本""因材施教"等提供更科学的场域和氛围。在这样的整体格局下，不仅各地区纷纷制定出台推动学校特色发展的制度措施，探索形成了很多区域层面整体推动学校特色发展的有效模式，让学校的办学活力得到了充分激发，形成了具有中国特色、本土特质的学校特色发展理论认识和实践策略；各个学校也大都树立起了特色发展的理念，结合区域教育改革发展的实际需要和学校实际情况，从课程建设、人才培养、教学改革、师资队伍建设、文化打造等领域推动学校特色发展。总而言之，追求学校办学特色，已经成为学校发展的一种共性选择，特别是对于高中教育的特色发展，一直以来都是政策制定的焦点问题，从特色发展的角度来审视上外附中对于参与全球治理人才的培养，也是一个必要而充满实践价值的维度。

人才培养是学校的核心工作，也是最能体现学校办学特色的关键性指标。学校的特色发展，归根到底要通过特色化的人才培养来实现。要实现人才培养模式的创新，首先要有特色化的人才培养目标体系。但是，由于对未来人才特征、素养分析的狭隘视角和长期以来应试教育造成的影响，我国高中阶段的人才培养，不论是在目标设计还是在具体的培养模式、方法上都存在较为普遍的"整齐划一"现象。在这样一种相对固定和统一的人才培养体系中，学生长期接受同样的课程、教学，体验同样的文化、氛围，参与同样的活动，其成长也必然呈现出趋同的特征，学生本应有的自主发展的选择权利被忽视，创新人才、专门人才的培养受到制约。因此，从某种程度上说，学校的特色发展，就是要打破人才培养目标和方式上的趋同局面，要打造学校特色，就要从人才培养目标和路径的变革入手，因为没有人才培养模式和目标的多样化，学校的特色发展也将无从谈起。因此，在推动学校特色发展的过程中，人才培养领域的变革创新和特色创建是首要的方式。

三、关注人的发展,国际胜任人才培养带动高层次表达

目前,具备国际胜任力的高素质人才的培养更多地体现在高等教育人才培养的变革探讨之中,而对于中学阶段如何培养具有国际胜任力的高素质人才尚缺少充分的思考和探索。基于此,上外附中提出培养具有国际胜任力的预备英才这一理念,并围绕此理念进行系统性的课程、教学、管理、文化改革,实际上是一种基于特色化的人才培养目标引领的整体性教育教学改革设计,能够为学校在更高层次上实现特色发展提供新的动力和载体。这既体现了学校在特色化人才培养上一以贯之的追求,也体现了学校在新时代教育改革发展浪潮中对于教育根本性问题的持续性变革。同时,也因为有了国际胜任力这样一个人才培养的整体性设计,上外附中将在传承外语教育特色的基础上,寻找到一种更加契合新时代教育改革发展理念的特色发展空间,孕育学校高质量发展的新动力。

从学校特色发展的角度看,因为上外附中自带的"外语"元素,相较于其他高中学校、初中学校自然而然地会有一种源自外语的特色。比如,上外附中以专业化的外语教学著称,开设英语、德语、法语、日语、俄语、西班牙语、葡萄牙语、希伯来语、阿拉伯语、意大利语十个语种的外语课程,实施小班化教学。学校在外语教学上一贯注重知识和能力的转换,语言和文化的交融;在外语课程设置上不断探索外语单语能力与多语能力的复合,进行了"一主一辅""一主二辅"和"双外语主修"的实验,承担了为国家培养多语种紧缺人才的重任。但是这种特色更多的是一种与生俱来的,与学校自身的性质、定位、历史有密切关系,是一种"人无我有"的外延式的特色。如何在这种自带的特色基础上,通过人才培养的变革带动课程教学和管理文化的整体创新,建构一种匹配学校外语特色、更加个性化的人才培养体系,才是推动学校在"人无我有"基础上实现"人有我优""人优我特"的更高层次的表达。因此,上外附中在凸显外语教育特色的基础上,也致力于学生德、智、体、美、劳等综合素质培养,积极推动多语助力、多元文化浸润下的学生多元发展。同时,学校近年

来尤为重视基础学科拔尖人才和创新人才的培养，构建了数学、物理、化学、生物和信息学五大学科特长生七年一贯的培养体系，与众多高等院校和科研院所合作共建"青少年科学家培养基地"，努力打造有创新能力、科学素养、家国情怀、国际视野的附中学子形象。

第二章

凝 心 铸 魂

——明晰具有国际胜任力的预备英才培养之魂

在倡导学校特色发展的今天,学校的教育哲学本身就是塑造学校特色的一个基本载体,任何有特色的学校,首先必然有特色化的办学理念、办学定位、人才培养和相应的课程教学体系。从这个角度出发,学校教育哲学是学校特色发展的根与魂。

着眼于未来发展,上外附中将继续秉持"服务祖国发展、服务人类进步"的办学宗旨,围绕多语助力、多元文化浸润下的学生多元发展的办学总要求,打造全国一流、世界知名的外国语学校,成就具有爱国情操、国际视野、责任担当、卓越精神的国际型预备英才。

教育的变革,学校的发展,是思想性与实践性的综合,思想是引领,实践是支撑。从某种意义上说,所有的教育活动都应该蕴含思想性和哲学性,而学校教育本质上应该被理解为一种以共同价值信仰为基础的公共活动,没有信仰,就难以造就高质量教育。从概念和内涵上看,学校教育的信仰表现为办学思想和人才培养目标等为核心的一系列思想价值观念领域的建构,而这种建构不仅体现了学校管理者和教师对于学校教育问题的本质性认识,也在很大程度上引领着学校教育教学和人才培养的实践,最终决定人才培养的特色和成效。

高质量人才的培养是一个系统性工程,引领这一系统性工程建设的是学校特有的教育哲学思想。培养具有国际胜任力的预备英才,是上外附中对于新时代人才培养的个性化思考和设计,也是学校教育哲学思想中最显著的要素,贯穿学校教育哲学的整体性建构,影响和引领着学校对于人才培养的实践创新。理性分析学校教育哲学建构的思考和行动,有利于更好地梳理出学校教育改革发展和特色创建过程中精神力量的独特价值,更清晰地理解具有国际胜任力的高素质人才培养之精神基因,更有效地把握学校整体改革发展的逻辑链条。

第一节 保持定力:学校教育 哲学的理性认知

教育理论领域层出不穷的新概念并非全部都具有积极意义,甚至有部分只是教育理论工作者思辨式的概念创造,对教育实践并不一定都能够起到真正的指导作用。真正能够引领学校发展的思想内核,应该是从日常教育理论中习得，在理性认知中逐步厘定的教育哲学。就学校发展而言，每一位管理者实际上都知道学校办学理念、人才培养目标等的价值，但是很多时候，管理者并没有真正理解这些办学思想价值之间的内在逻辑关系，也难以找到贯穿其中的精神内核。甚至有些管理者在办学和发展的过程中，忽视了精神层面的引领功能，将更多的精力放在具体的事务之中，这实际上难以真正彰显管理者对于学校整体发展的领导价值。学校教育哲学思想则为我们整体上理解和构建学校发展的精神引领提供了一个完整的支架和体系。

一、围绕三个关键，把握学校教育哲学概念

哲学是一个古老的概念，但是学校教育哲学却是 20 世纪 80 年代之后才被正式提出并获得认可的概念。在对学校办学理念、培养目标、发展定位等核心价值的分析研究中，英国最先提出了学校教育哲学的概念，并将其作为引领学校整体发展，凝聚师生精神力量，彰显学校核心价值最重要的文化符号。从国外关于学校教育哲学的相关研究看，学校教育哲学在概念上更多地被界定为学校作为一个特定的组织在整体上看待自我、认知自我的一种整体性表达，反映了学校的核心价值观念、目标远景和师生的工作态度、发展状态。学校教育哲学的核心价值不在于"文字符号"本身，而在于形成一种促进学校成长和师生幸福的独特力量。这样的一种理解是比较抽象的、学术化的，再加之"哲学"这一概念本身的抽象性，学校教育哲学更加难以把握，也就难以真正得到一线师生的认可和支持。20 世纪 90 年代之后，学校教育哲学的概念引介到中国，但是客观而言，这一概念主要引起的是教育理论研究的兴趣，在教育实践领域，特别是在中小学教育改革的实践活动中，学校教育哲学的概念并没有得以广泛运用，大家习惯并普遍沿用的依然是办学理念、教学思想、发展定位、人才培养理念、校风校训等独立概念，其中一个重要的原因是对于学校教育哲学没有形成一种基于实践的理解。

实际上，学校教育哲学本质上不是一个学科层面上的哲学，它更多的是一种关于学校办学和人才培养的观念集合。这些观念回答的是学校未来发

展要达到怎样的目标,学校的发展是"依靠谁、为了谁",学校是在一种怎样的思路下实现发展的。学校教育哲学概念的提出是有积极的实践价值的,但是这种价值的发挥要以准确把握学校教育哲学这一概念作为基础。在我看来,要准确理解学校教育哲学的概念,要遵循系统性、实践性和校本性这三个关键词。一是系统性。学校的教育哲学是一个包含办学理念、发展目标、人才培养定位、核心文化等在内的综合体系,它既由单个的学校教育思想构成,又有一种贯穿全程的思想核心,能够对学校整体发展起到价值引领作用。二是实践性。学校的教育哲学尽管是一种整体性的观念,但是这种观念既源自学校的办学历史和实践,又能够直接引导学校当下和今后的办学发展实践。换言之,真正有价值的学校教育哲学,尽管在文字的表述上可能是理性的、思辨的,但是这些表达一定是与学校办学和发展的实际情况紧密结合的,符合学校特质,能够为学校各领域的教学管理实践活动提供操作层面的引领。三是校本性。学校教育哲学的厘定需要遵循一定的技术方法,也要有相应的框架结构,能够引领师生共同创造学校独特的价值体系,形成一整套指导办学和发展的观念体系。尽管这种体系在整体的呈现样态上具有普遍性,但是这种体系的具体内容应该体现出学校的差异,应该有一种个性化的设计。从某种程度上说,学校之间在办学样态、教育特色和未来发展空间上的差异性,首先应该源自学校教育哲学之间的差异。这也就意味着学校管理者必须要用学校教育哲学整体建构的思维方式介入对学校的思想引领,把学校教育哲学体系的建构作为引领学校发展的重中之重。

二、综合两个维度,考量学校教育哲学价值

从整体上看,学校教育哲学体现了学校对于自身发展定位、目标、理念和人才培养目标的一种整体性设计,这种设计不是空洞的语言表达,而是与学校整体课程、教学、管理、文化、育人等工作密切关联,能够对学校整体发展产生直接的价值引领和行为指导作用。也正是因为如此,在学校改革发展的过程中,学校管理者普遍比较重视学校教育哲学思想的厘定,借以形成引领学

校改革发展的精神力量。实际上,除了对于学校整体发展的引领价值之外,学校教育哲学的价值还可以有两个维度的考量空间。一是对于学校管理者而言,学校的教育哲学很大程度上体现了管理者自身对于教育的理解,彰显着管理者自身的专业化水平。因此,管理者如何阐释学校的教育哲学,不仅能够将管理者自身的教育理念等通过一定的渠道展示给师生,也能够帮助其在师生中树立起更高的专业威信。由此,管理者之于学校教育哲学的厘定,应该是一种相互成就的关系。二是对于学校整体发展而言,教育哲学的厘定不仅能够凝聚学校发展的精神力量,组织和引导全体师生为着共同的发展目标而努力奋斗,而且,更为重要的是,在倡导学校特色发展的今天,学校的教育哲学本身就是塑造学校特色的一个基本载体,任何有特色的学校,首先必然有特色化的办学理念、办学定位、人才培养和相应的课程教学体系。从这个角度出发,学校教育哲学是学校特色发展的根与魂。潘水石同学的经历,正是上外附中教育哲学的实践表达。

2009 年,潘水石作为上外附中的高二学生,和同学一起给时任俄罗斯总统梅德韦杰夫写了一封信,信中写到他们刚从俄罗斯姐妹学校交流回国,俄罗斯的一切都给他们留下了深刻的印象,表示要继续努力学习俄语,为中俄两国青年的文化交流作出自己的贡献。没想到不久便收到了总统先生的回信,这对于小小年纪的高中生们来说是个莫大的惊喜和鼓励,大大鼓舞了大家学习俄语的信心,这也成为日后潘水石坚持俄语学习的一个很重要的契机。

九年后,两人再度"隔空对话"。2018 年 11 月 5 日,俄罗斯总理梅德韦杰夫做客上海广播电视台接受专访。专访中播放的潘水石发言的视频令他惊叹:"俄语好得令人难以置信。"当年的高中生如今已从俄罗斯学成归来,俄语成为他的第二母语,俄罗斯也已成为他的第二故乡。

潘水石同学回忆求学经历时表示:我非常幸运——中学时代的两位俄语老师除了给我们打下扎实的基础,还始终保持教学的趣味。复杂枯燥的语言课程,从来都伴有欢笑和好奇。语言学习离不开实践。学校又给我们创造了绝佳的条件,与俄罗斯姐妹学校互访交流,与领馆合办各式文化活动,参加中学生俄语奥林匹克竞赛……俄语已经化身我的无形良师,在很多最难将息的时刻,给予我内心的指引。

在上外附中,像潘水石这样的学生不在少数。很多学生即便没有得到出国访学交流的机会,也能够在外语、学术、创新、研究、社会治理等领域展示出良好的素质,这就要归功于学校独特的教育哲学。

三、明确一条主线,归纳学校教育哲学内容

学校教育哲学是一个包含多种内容的观念系统,按照目前的相关研究和学校层面的实践经验,学校教育哲学要从思想观念层面来回答学校教育的使命、学校发展的愿景和学校个性化的人才培养目标。对于学校教育哲学的建构而言,学校办学使命的表达起着核心的统领价值。因此,提炼学校教育哲学,首先要建构学校的办学使命。学校教育是一种特殊的社会活动,具有不可取代的价值,要办好一所学校,首先需要崇高的使命感,要清晰地理解和规划学校发展所要达成的状态和实现的价值。对于学校办学使命的陈述,实际上要回答学校存在的价值和意义问题。作为教育机构,学校承担怎样的任务,为谁提供服务,提供服务的理念和遵循是什么,这些都需要通过学校使命的表达来呈现。根据我的理解,办学使命不仅仅是一种口号化的表达,而是要通过学校独特的方式理解教育的内涵、本质和价值问题,要将党和国家层面对于教育的核心价值通过学校教育进行表征。

对于学校办学使命的认识,更多的是一种基于学校教育本体性价值的考量,在学校教育哲学的厘定过程中具有宏观的引领价值和整体性的铺垫意义。要将宏观的学校办学定位通过更具有实践性、引领性和独特性的方式进行转化,形成统领学校发展并凝聚师生力量的精神元素,就需要对学校的发展愿景进行精心设计。学校发展愿景集中表现了学校经过一段时间的建设后所期望达到的理想定位,是能够体现全体师生共同目标、追求、理想的一种

预先设计。合理的发展愿景不仅能够清晰勾勒出学校未来的样貌,也能发挥重要的引领激励价值,帮助学校真正建构成为一个牢固的命运共同体。因此,对于学校管理者而言,明确学校发展的愿景能够积聚起引领学校改革发展的强大精神动力,让师生真正知道学校将要走向何方。学校的发展是一个前后相继的历史过程,每一个阶段应该有独特的任务和目标,通过阶段性的回溯和重构明确学校发展愿景,这是学校教育哲学体系建构必须要完成的使命。

人才培养的理念、目标和价值问题,也是学校教育哲学建构需要关照和解决的问题。学校的核心任务是育人,学校的一切理念、价值、准则等都需要通过人才培养来实现。从这个角度出发,人才培养目标理所当然地应该是学校教育哲学体系建构的关键领域。培养目标是学校教育目标的细化,是学校对于本校人才培养所要达到的具体的能力、素质、水平的一种个性化设计,这种设计不仅体现了学校主动承担教育责任,培养德智体美劳全面发展高素质人才的主动作为,也体现出学校的特色,影响学校的课程设置、教学创新、文化建设和人才培养模式变革。从学校整体改革发展的实践看,学校在课程、教学、管理、文化、服务等领域的一切实践变革,最终都需要围绕人才培养的整体设计来组织开展。因此,尽管学校教育哲学体系的建构是一个系统性工程,但是其中最具有实践价值的领域应该是培养目标的设计和厘定。

第二节　积蓄张力：学校教育哲学的孕育生长

学校的教育哲学具体表现为学校的精神和文化,是一所学校的核心价值观,支配着学校的规章制度、组织结构、战略决策等。学校运行的每一个环节、每一个层次,无不渗透着教育哲学。教育哲学的形成过程,是一个实践、反思、体验、提炼与固化、传承、创新、发展的复杂过程。教育哲学的孕育生长,是一个反复的、持续的过程。一方面,学校管理者与全体教职员工一起,将自己朴素的教育思想与破解学校教育教学改革中的具体问题结合起来,形成系统化的变革方案,并逐步实现学校改进。另一方面,教育思想逐步为所有教职员工所认同,在持续体验变革中,情境化的变革经验得以不断丰富,学校办学特色渐进生成,教育思想不断发展完善。

一、探索生成之道,做办学内涵的挖掘者

从生成的路径上看,学校教育哲学的生成受到现代学校管理理念变革的影响,逐渐呈现出一种注重"上下结合、融合生成"的态势。即在学校教育哲学的生成中,一方面强调管理者自身教育理念对于学校整体教育哲学体系建构的重要价值,强调管理者要通过独立思考、有效组织和引领示范等,在学校教育哲学的形成过程中发挥自上而下的统领作用;另一方面,也强调管理者要善于听取师生的意见,从多个维度入手集思广益,提升学校教育哲学的认可程度。学校教育哲学的提出不是校长和教师的个体性工作,要想使得学校的教育哲学是清晰、明确、科学和有效的,就必须要尊重学校的办学历史和文化,对学校整体样态进行科学把握,体现出学校教育哲学与学校整体办学发展的有机融合,只有如此,才能让学校的教育哲学契合学校实际情况,从而具有个性化特征,能够对学校整体发展产生实践性指导价值。

从我国基层学校教育管理的实践样态看,一般来说,一个学校的发展是稳定的,但是学校之中校长和其他管理者的变革则是相对动态的。作为学校核心价值哲学的学校办学理念、校风校训、办学定位乃至人才培养目标等,都具有一定的稳定性。因此,作为学校管理者,通常不能够因为自身对于教育的理解而对学校的办学理念等进行常态化的更新,这实际上不利于学校办学历史文化的传承,也容易引发学校发展过程中师生的不满和不安。因此,对于学校教育哲学的建构而言,作为管理者,需要做的应该是在遵循学校原有历史文化的基础上,结合新的时代背景,特别是教育改革发展的趋势和人才培养的现实需要,对学校的办学理念、发展定位、人才培养目标、成长愿景等进行新的解读和阐释,让看似一样的表达在新的语境中体现出新的内涵和价

值,从而使得学校的发展既能够有一种一脉相承的传递,也能够紧紧结合时代发展的潮流。

在学校教育哲学的生成过程中,管理者未必就是一个新的创造者,但是一定要是学校办学新内涵的挖掘者,只有如此,才能保障学校发展与时俱进。实际上,从上外附中的现实情况看,建校多年来保持的学校办学理念、发展定位、人才培养目标等已经深入人心。如果在具体语言上发生改变,可能会导致新的发展困境,而固守原有的学校教育哲学解读方式,又容易让学校发展难以做到与时俱进。基于此,我们提出"培养具有国际胜任力的预备英才",实际上就是对学校原有教育哲学的一种新的解读,它传承了学校的历史,又赋予了学校发展在新的历史时期新的使命。

二、规划发展之路,做提升效能的守护者

学校教育哲学不是一种口口相传的表达,而是要通过书面化的政策、文件、制度等加以固化,只有如此,才能发挥长久的引领价值。如何固化学校的教育哲学思想,学校发展规划的动态化厘定是一个重要的方式。学校发展规划是起始于20世纪70年代优化学校管理,提升学校效能,促进学校发展的一种理念和方式。其核心价值在于赋予学校在自身变革发展领域的自主设计、自主实施、自主评估权力,激发学校在改革发展中的主观能动价值,进一步提高学校效能。这一提升学校发展效能的新理念首先在英国提出,之后在短短几年内迅速成为西方教育发达国家普遍认可的学校发展方式,形成了广泛的国际影响,并逐渐在世界各国得到推广应用。20世纪90年代,学校发展规划的理念和操作体系被引介到我国,并随着我国教育管理体制的改革逐渐受到重视。从目前的情况看,大多数学校都已经在常态化运用学校发展规划来推动学校治理的科学化。就学校发展规划与学校教育哲学的内在逻辑关系看,一方面,学校教育哲学是学校发展规划内容体系的重要组成部分,一份完整的学校发展规划,在进行学校发展问题和成绩梳理之后,首先需要呈现的就是学校的整体理念、价值,也就是学校教育哲学的核心内容;另一方面,

学校发展规划设计的具体发展维度和举措,实际上也是学校教育哲学的具体落实,二者有价值上的一致性。基于这一关系,通过动态性的学校发展规划设计来明晰和呈现学校的教育哲学体系,这应该成为治理学校的普遍选择。

对于上外附中而言,将"具有国际胜任力的预备英才"的培养纳入学校教育哲学体系的解读范畴之中,也是一个既有历史传承,又彰显时代需求的个性化设计。上外附中创建于1963年,是全国首批由国务院批准创建的外国语学校之一。学校直属教育部,目前是全国外国语学校工作研究会长、理事长单位,国家汉语国际推广实习基地,是一所外语教育特色鲜明的学校。2005年,上外附中被上海市教委命名为"实验性示范性学校"。2013年,学校荣获上海市教委命名的"上海市行为规范示范学校"称号和"上海外语教学特殊贡献奖"。2014年,学校被授予"虹口区英语学科高地基地校"称号。同年,学校接受教育部基教二司要求委派3位教师,参加教育部组织的中学外语多语种课程标准制定工作的德语、法语课标制定以及俄语课标的修订。2016年,上外附中成为上海教育国际交流协会会员单位,荣获"中华人民共和国驻外使领馆阳光学校总校"授予的"中华人民共和国驻外使领馆阳光学校合作基地"铭牌。2017年,学校申报的"以核心素养为导向的外国语学校国际化特色课程改革"项目经上海市教委审核并立项。学校"中学'双外语并重'教学体系的设计与实践"和"以培养国际型预备英才为目标的学生社团发展模式探索与实践"分获上海市基础教育教学成果奖一、二等奖。

建校60年来,几代附中人肩负使命、砥砺奋进,致力于将学校打造成为一所国际知名、国内一流的中学。学校以强烈的使命意识,为国家培养和贡献了大批优秀的外语人才,被国务院原副总理钱其琛誉为"培养外语外交人才的摇篮"。优良的教育品质、深厚的校园文化孕育和成就了以杨洁篪、王光亚、崔天凯、谢锋、沈蓓莉等为代表的一批批心系中华、放眼世界的优秀校友。他们秉承"自强、至诚、志远"的附中精神,带着智慧与梦想走上国际国内社会的重要岗位,成为"服务祖国发展、服务人类进步"的栋梁。回溯这种历史,可以明显地感受到培养具有国际胜任力的高素质人才,实际上一直镌刻在附中人的精神基因和附中的办学沿革之中。

进入21世纪,上外附中注重通过阶段性的学校发展规划,不断明晰和完善学校的办学理念,梳理阶段性发展目标,明确重点发展战略和人才培养定位,推动学校整体发展不断向前。2000年起,学校相继制定了《深化改革 坚持特色 创新实验 建设21世纪的外语学校》(2001年—2003年)、《继承创新 求真务实 全面建设一流的国际型外国语学校》(2004年—2006年)、《继承创新 提高核心竞争力 全面建设一流的国际型的外国语学校》(2007年—2009年)、《服务国家战略 加强内涵发展 凸现办学特色 全面提升学校国际化办学水平》(2010年—2012年)、《肩负国家使命坚持改革创新 全面提升学校"质量、特色、国际化"建设水平》(2013年—2015年)、《发展学生核心素养 培养国际预备英才 全面推进学校"一体两翼"建设发展》(2016年—2018年)等发展规划。2019年起,我们又顺应学校发展规划的整体调整趋势和国家、区域"十四五"发展规划战略,组织专门力量起草制定学校"十四五"发展规划。经过一轮一轮规划,学校的教育哲学通过一种独特的方式实现传承和创新。

第三节 释放活力:学校教育哲学的守正创新

学校教育哲学要真正发挥对学校改革发展的积极促进价值,就要从理论层面的认知走向实践层面的建构。作为一所具有悠久办学历史的名校,上外附中的独特文化、理念、价值观等已经深深印刻在一代代上外附中人的内心世界。如何让这种独特的文化基因在新的历史条件下绽放新的光芒,如何赋予学校办学历史、办学理念新的内涵和价值,是释放学校教育哲学活力必须思考的重要命题。

一、链接根本要素，系统传递办学理念

办学理念是学校办学的核心精神表达，也是学校使命的最核心呈现。上外附中从办学宗旨、发展理念、办学方针、校风校训等维度，建构起了学校办学理念的系统表达。

办学宗旨：服务祖国发展、服务人类进步

办学理念：以学生发展为本、成人与成才并举

学校校训：自强、至诚、志远

"人的全面发展"是马克思主义的基本原理之一，也是我国教育方针的理论基石。"以学生发展为本"就是面向全体学生，关注每一位学生，培养学生德智体美劳全面发展。"成人"即树立正确的世界观、人生观、价值观，"成才"即具备未来社会发展所需的核心素养。"成人"与"成才"并举，相辅相成、相互促进。从学校的办学宗旨和办学理念可以看出，上外附中在办学的核心价值上，始终坚持服务祖国和服务人类社会发展的有机结合，始终做到学生外语水平和综合能力的协同提升，始终注重学生外在行为和内在修养的共同历练。在社会发展的不同历史时期，这种价值追求虽然有着不同的要求，但是贯穿其中核心的元素，比如家国情怀、国际视野、综合素养、道德情操、团结合作等，实际上都是具有国际胜任力的预备英才的必备要素。这意味着从办学理念的阐释上，具有国际胜任力的预备英才培养符合学校一以贯之的办学精神和追求。从参与全球治理、涵养国际胜任力的高度来理解和丰富学校的办学理念，也是学校教育哲学整体上不断动态演进，不断契合时代发展的一种体现。由此，上外附中倡导培养具有国际胜任力的高素质外语人才，并将其作为学校未来一段时期改革发展的重要价值引领，并不是推翻了原有的办学理念和办学宗旨，而是在新的历史时期对办学理念和宗旨的深化与拓展。

二、融入建设体系，动态设计发展愿景

学校愿景，即学校发展的未来图景，既是一种对于学校未来发展的整体

性设计,也是一种激发师生工作积极性、主动性的管理策略。它能够通过一种"现实"与"未来"的合理张力,形成学校整体发展的强大驱动力量。对于上外附中而言,不同的历史时期有不同的发展任务,相应地,学校发展的愿景也需要进行动态化的设计。如,坚持以习近平新时代中国特色社会主义思想为指导,全面落实习近平总书记关于教育的重要论述和党的路线方针政策,正确认识"十四五"时期教育改革发展面临的新形势,结合学校实际,树立全局是目标、变局是环境、格局是战略、开局是起点、布局是配置、破局是动力的理念,坚持五育并举,落实立德树人根本任务,深化教育教学改革,推动上外附中教育高质量发展,提升外语教育服务国家战略的贡献度,着力全球治理人才和创新人才的培养,为国家全球治理人才储备提供高素养生源,为国家培养堪当民族复兴大任的时代新人。

未来,上外附中将向更高水平、更高质量教育现代化迈出坚实一步,五育并举的建设体系更加健全,培育学生核心素养的育人方式进一步深化,教师队伍、课程与教学等建设水平显著提升,线上线下融合教育日趋完善,考试招生制度和教育评价体系更加优化,智慧校园建设逐步成熟,学生综合素养和创新创造能力显著提升。着眼于未来发展,上外附中将继续秉持"服务祖国发展、服务人类进步"的办学宗旨,围绕多语助力、多元文化浸润下的学生多元发展的办学总要求,不断优化学校治理体系,提升学校治理能力,做强基础教育国家队、做精外语教学专业队、做大创新人才孵化明星队,扎实办好人民满意的教育,持续加强在全国外国语学校的辐射引领作用,打造全国一流、世界知名的外国语学校,成就具有爱国情操、国际视野、责任担当、卓越精神的国际型预备英才。

围绕上述发展愿景的整体设计,学校将协同推进"形成高品质课程设置和课程管理体系,满足学生多元发展需求;进一步优化德育一体化设计,突出德育实效;激发教师专业发展的内驱力,建设有附中特色的教师队伍;完善理科培养机制,提升学生创新素养;完善学生学业评价方案,促进教学评的一致性;提升国际交流品质,努力打造精品对外项目;完善中西融合的国际部建设,打造国际教育品牌"等七个领域的重点工作。由此可见,我们尽管没有明确提出"国际胜任力"的理念,但是不论是学校对于"成就具有爱国情操、国际视野、责任担当、卓越精神的国际型预备英才"的人才培养目标的表达,还是围绕学校发展愿景设计的诸如优化课程体系,完善评价方案,培养创新素养,加强国际交流,打造国际教育品牌等,实际上都是围绕培养具有国际胜任力的高素质人才的整体定位进行的设计。这意味着,培养具有国际胜任力,能够参与全球治理的预备英才,实际上已经融入学校的整体发展愿景设计,成为引领学校未来发展的重要价值和思想。

三、匹配人才标准,精准定位育人目标

学校的核心任务是培养人才,因此,育人目标的设计在学校整体教育哲学体系的建构中始终处于核心地位。近年来,上外附中基于国家层面的人才培养需要,特别是核心素养的要求,对学校的育人目标进行了整体性的建构。在我看来,核心素养提供了当下学校课程教学变革和人才培养的顶层设计和宏观指导,但是学校层面如何理解核心素养,如何创造性地转化和落实核心素养,最根本的还是需要统筹思考国家层面对于人才培养的整体性要求,在核心素养的框架范畴内对学校个性化的人才培养目标进行科学设计。上外附中对学生核心素养的落实和对人才培养的思考、设计,旨在使学生继承民族精神、弘扬中华文化的同时,打开国际视野,积累"外语外交人才"的素养,从而形成拥有创新能力、科学素养、家国情怀、国际视野的"附中学子形象"。在这样的整体思考基础上,上外附中把"全面发展、复合型、国际型预备英才"作为学校的人才培养目标。

全面发展,即德智体美劳全面发展。具有健康的身心和高尚的道德情操,具有追求真理、善于实践、勇于创新的精神,具有强烈的爱国情感、报国之志、效国之能,成为同龄学生中领袖式群体。

复合型,即充分考虑时代发展特征和对未来人才培养的需求,培养学生适应未来生活的综合能力。不仅让学生能够结合自身实际,在某一领域形成

个性化的发展,也注重全面发展和综合素质的提升,在适应未来生活的每一个方面都形成一定的能力,并且具备学科交叉、知识融合的素养,综合运用自身所学解决问题,实现成长。

国际型,即学生掌握两种以上外国语言,具有世界公民意识,有较为宽广的中外文化知识基础;具备在多元文化背景下学习、生存和发展的能力;具有国际学习、国际沟通的素养和能力;具有宽阔的国际视野、世界胸怀,成为融汇中外文化、畅通国际交流、促进国际理解、善用国际资源为国家服务的优秀群体。

进入"十四五"时期,面对国内外教育改革发展的整体趋势,特别是对于立德树人教育根本任务的重视以及全面加强党对教育工作的实际需要,上外附中对育人目标再进行整合、提炼、升华,将对于学生培养的整体要求表述为:成就具有爱国情操、国际视野、责任担当、卓越精神的国际型预备英才。与原有的表达相比,这样的人才培养目标一方面更加简练,易于师生记诵;另一方面,更加对接中国学生核心素养体系和具有国际胜任力的高素质人才培养,同时也将学校传统的外语教育优势和德智体美劳全面发展的现实需要进行了有机融合和精简,成为未来引领学校整体育人变革的核心思想。

"爱国情操、国际视野、责任担当、卓越精神",实际上就是上外附中对于具有国际胜任力的预备英才的素养标准进行的高度概括。这种概括不仅传承了学校传统的人才培养核心价值,也符合当下国际社会全球治理高素质人才和全球胜任力模型的普遍标准和要求。在国际领域,涉及国际胜任力的培养问题,有两个比较通用的标准,一个是联合国对其工作职员的能力素质要求,主要包括"核心价值"(公正无私、专业精神、尊重多样性),"核心胜任力"(交流沟通、团队合作、计划组织、责任担当、客户导向、改革创新、技术跟进、持续学习),"管理胜任力"(富有远见、领导力、赋权激励、绩效管理、建立信任、判断决断)等三个维度。这三个维度又可细化为 17 个具体特征[①],集中体

---

① 陈坚,陈冬阳.全球治理人才培养的模式改革与实施路径[J].中南民族大学学报(人文社会科学版),2023,43(01):154-162+187.

现了联合国对于其员工工作能力的总体性要求,也能够为我们审视和建构具有国际胜任力的高素质人才的培养标准问题提供参考。

涉及国际胜任力的另一个参考模型是全球胜任力模型,有的研究也称之为"全球素养"。作为一个相对独立的研究领域,全球素养或者说全球胜任力模型,显然比联合国对其职员的工作要求更有对比价值。正如本书第一章所述,全球胜任力的内涵可以回溯到联合国教科文组织长期倡导的国际理解教育,其核心价值是要相信并发挥教育在促进和平、民主、人权、合作等过程中的独特价值,增进不同国家、不同民族、不同文化背景、不同区域的人们之间的相互了解和合作,以便共同处理人类社会面临的普遍性问题。

国外对于全球胜任力的研究比较系统,涵盖了从高等教育到基础教育的全部体系,阐释这一概念的视角也比较完善、多元。这些研究当中,最具有影响力的是由经济合作与发展组织确立的全球胜任力模型。该组织牵头实施的 PISA 测评将全球胜任力定义为:审视当地、全球和跨文化问题的能力;理解和欣赏他人的观点和世界观的能力;与来自不同文化背景的人进行开放、适宜和有效互动的能力;为集体福祉和可持续发展而行动的能力。[①]

在联合国教科文组织全球胜任力研究和模型建构的引领下,以美国为代表的教育发达国家也开始着手国家层面的全球胜任力模型建构和人才培养,生成了以《为全球胜任力而教:让我们的青少年为融入世界作准备》报告为代表的政策性成果。一些著名学者也对全球胜任力的概念进行了研究,丰富了全球胜任力的内涵体系。国内比较有代表性的全球胜任力研究是由清华大学开展的,其全球胜任力的核心素养框架由认知(世界文化与全球议题、语言)、人际(开放与尊重、沟通与协作)与个人(道德与责任、自觉与自信)三个层面和六大核心素养构成。此外,上海市静安区大宁国际小学等中小学也开展了全球胜任力培养的研究,形成了一些具有实践价值的成果,让全球胜任力这一概念逐渐成为一种广受认知的话语方式。

---

① 李新.学生的全球胜任力:内涵、结构及其培养[J].教育导刊,2019(04):5-10.

如何在当下的经济社会发展背景下整体、科学定位学校的培养目标,这是一个需要系统性思考和辩证地"守正创新"的过程。上外附中对于新时代人才培养的整体定位用"培养具有国际胜任力的预备英才"作为核心表征,是否科学可行,这是关涉学校人才培养实践领域变革创新的基础性问题。

一方面,从上外附中的发展历史沿革看,不论是学校办学的初衷,还是多年来的学科优势、教学优势、人才培养优势,一直都是以"外语"为突出特征的,这是学校的优势,也是在新时代教育背景下需要继承和发扬的。但是,从完整的人才培养和学科教学的变革看,人们对于外语和外语人才的认知越来越科学化。外语,更多地被视作一种交际的工具,其工具性价值受到社会普遍认可。外语人才、外语特色,作为人才培养的一个特质是没有问题的,但是,如果只注重外语特色,只关注外语素养,那么显然是违背人的全面发展要求和教育立德树人价值导向的。因此,上外附中所倡导的具有国际胜任力的预备英才培养,外语素养只能是重要的基础素养之一,真正具有国际胜任力并能够参与全球治理的学生,是具有丰富文化涵养的学生,是具有自我能动性并且能够全面发展的学生,是具备良好道德修养和丰富能力、素质体系的学生。因而,培养具有国际胜任力的预备英才,比单纯地强调外语教学和外语人才培养特色,更加契合时代发展和教育改革需要。这种培养思路的转型,也有助于学校在新时代基础教育体系中更好地定位自我、发展自我,承担一所老牌学校的新使命。

另一方面,在注重教育国际化的今天,培育国际胜任力,参与全球治理,也要与国际通行的人才培养标准相匹配。通过对比联合国工作职员的能力要求和主流的全球胜任力标准体系,审视学校对于未来具有国际胜任力的预备英才培养的素养标准设计,可以发现其中共同的价值和要求是相似的,比如都倡导开放的视野,都要求良好的素质,都需要精诚的合作,都离不开创新精神和实践能力。这意味着,我们所理解和建构的具有国际胜任力的人才培养标准是符合国际惯例的,具有鲜活的生命力。不仅如此,我们也清醒地认识到,具有国际胜任力的高素质人才培养不仅具有重要的学校教育价值,也应该从"打造教育强国,推进教育现代化建设,提升中国教育国际影响力"的高度赋予新的价值。这意味着具有国际胜任力的高素质人才培养,不仅要符合国际惯例,也要凸显中国特色,要体现出新时代中国教育改革发展的核心价值与理念。归根到底,上外附中尽管是一所外语特色学校,但是在发展过程中必须扎根中国大地,要承担"为党育人、为国育才"的使命。因而,在培养具有国际胜任力的高素质人才的过程中,首先要将"爱国情操"作为学生培养标准的首要因素,特别要培养的是学生的家国情怀。这也体现了学校在培养具有国际胜任力的高素质人才过程中区别于国外和国际组织的独特设计,也是上外附中扎根中国大地培养具备良好国际胜任力,并能够参与全球治理的高素质人才最显著的色彩。

第三章

课 程 设 计

——夯实具有国际胜任力的预备英才培养之基

在我看来,作为一名新时代的中学校长,其所承担的责任和使命是多元化的。但是,课程领域的领导和建构必然应该成为校长所有工作中最为关键的领域。校长需要通过引领学校课程体系的建构来支撑学校的办学理念、发展定位和培养目标,也需要通过课程领域的持续投入来体现自己的教育理念和价值追求,同时通过课程变革支持和促进师生成长。

课程与教学是教育的基本构成和核心构成。对于学校而言,不论是办学目标的实现还是内涵发展、特色发展的达成,都需要依靠完善的、科学的,同时具有学校特质的课程体系来作为支撑。对于教师而言,课程是教师实施教学的载体和工具,也体现着教师的教学构想,是教师实现专业发展的平台。因此,教师要根据自身的教育想象力和设计力,不断形成新的课程见解,创新课程实施方式。对于学生而言,课程是学生实现全面发展的基础和保障,没有完整的课程体系,就谈不上系统的学生培养。

　　教育与人类社会共生共存,课程则与教育的产生和发展一路相随。尽管课程作为一个单独的研究领域从教育研究的整体范式中抽离出来还是20世纪初的事情[①],但是纵观教育的改革发展历史,几乎每一次教育的变革都是由课程变革引发并实现的。由此,课程是教育领域最鲜活的内容,也是教育变革最为核心的内容。对于学校及其管理者而言,课程领域的建构和发展,应该始终处于其工作中最核心的地位。

第一节　立足工作实际,形成学校课程建设的源头性思考

　　近年来,随着课程教学改革的深入和我国三级教育管理体系的逐步完善,学校、校长、教师乃至其他教育利益相关者与课程之间的关系发生了很大的变化,他们对于课程不再是单纯的被动的实施者,而是成为主动的创生者。在这样一种整体趋势下,学校层面的课程领导问题逐渐显现,并且成为学校

---

① 张华.课程与教学论[M].上海:上海教育出版社,2000:1.

课程教学改革和整体发展过程中需要重点关注的方面。

一般而言,学校课程领导的价值在于倡导并促成学习型组织,合理分配课程权力,激发师生的课程意识,形成通过课程变革撬动学校整体发展进而提升教育教学和人才培养质量的整体逻辑。课程领导,既是一种专业行为,也是一种合作行为①,其中校长的作用尤为突出,校长的课程领导力不仅是其领导力的核心组成部分,也是学校课程建设与改革能否真正取得理想成效的重要影响因素。在我看来,作为一名新时代的中学校长,其所承担的责任和使命是多元化的。但是,课程领域的领导和建构必然应该成为校长所有工作中最为关键的领域。校长需要通过引领学校课程体系的建构来支撑学校的办学理念、发展定位和培养目标,也需要通过课程领域的持续投入来体现自己的教育理念和价值追求,同时通过课程变革支持和促进师生成长。校长领导学校课程建设,往往是通过课程规划、课程方案的制定来实现的,不论是课程规划还是课程方案的制定,首先要对课程建设的本源性问题进行思考:学校课程建设为了谁,指向什么,如何发生?

担任上外附中的管理者以来,我对学校课程建设的本源性问题有过一系列思考,这些思考集中在以下三个层面。这些思考也形成了我们建构学校特色化课程体系的源头性支撑。

一、勇担历史使命,课程建设对标落实国家战略

学校的发展与国家发展、社会进步、民族复兴密切相关。学校要勇于承担为党育人、为国育才的历史使命,就要有更高的格局和意识,要将国家层面的战略、意图和要求有效贯彻到学校课程建设之中,形成学校课程建构的整体指导思想。从国家层面看,上外附中的课程建设必须满足以下几点要求:其一,遵循习近平新时代中国特色社会主义思想,落实立德树人的教育根本任务,贯彻党的教育方针,这是学校教育改革发展必须坚守的基本政治方向;

---

① 钟启泉.从"行政权威"走向"专业权威"——"课程领导"的困惑与课题[J].教育发展研究,2006(07):1-7.

其二,落实高中和义务教育阶段新课程标准,遵守国家课程方案,认真研判新课程、新方案下的课程和教学要求变化情况,凸显核心素养导向,注重学段衔接,彰显跨学科、综合性、实践性的课程要求,在开足开齐国家课程的基础上,让学校课程体系生动、鲜活起来,呈现学校的特色,并以一种特色化的方式促进国家课程的有效落实;其三,凸显外语类学校的特色,围绕国家"一带一路"倡议和参与全球治理的方案,着力培养适应治理全球化、教育国际化需要的新型人才,着力提升学生的国际胜任力。

基于上述三个维度的审视,上外附中课程规划和建设的基本依据是:坚决学习贯彻习近平新时代中国特色社会主义精神,始终围绕"培养什么人、怎样培养人、为谁培养人"这一根本问题,全面贯彻党的教育方针,落实立德树人根本任务。学校要以"学生发展为本、成人与成才并举"为办学理念,以"内涵式发展"和"国际化办学"为办学思路,以培养"全面发展、复合型、国际型预备英才"为目标,紧扣外国语学校办学规律和实际,加强多语种国际化人才培养的课程设置、整合和建设。根据《推进共建"一带一路"教育行动》等文件精神,学校充分发挥外国语学校人才培养优势,推进基础教育多语种师资队伍建设和外语教育教学工作;大力推进学生综合发展实践平台的建设,扎实提升学校教育治理体系与治理能力的现代化水平,实现学校办学水平全面提高,最终培养具备参与全球治理的"全面发展、复合型、国际型预备英才",凸显其"爱国情操、国际视野、责任担当、卓越精神"等品质。

二、明确工作主体,课程建设充分凸显学生立场

包括课程建设在内的任何教育活动,都需要有一个立场。立场,也就是认识问题和解决问题时所秉持的基本观点、视角和态度。即使面对同样的问题,不同的立场可能会给出完全不同的认知与结论。对于教育活动而言,也需要明确立场的问题,这个立场归根到底就是对三个相互衔接的问题的系统性回答,包括:教育活动是为了谁的,教育活动是依靠谁产生和实施的,教育

活动是从哪里出发的。① 毋庸置疑,就学校的课程建设而言,课程是为了学生的,课程建设也是围绕学生来开展的。因此,课程建设乃至任何的教育改革,基本的立场一定是学生立场。要推动课程建设与改革,就要充分了解学生。

从课程建设的学生立场出发,上外附中在课程建设过程中以落实"立德树人"根本任务为指引,以培育学生核心素养为目标,以实施特色课程为抓手,让学生在德智体美劳等方面得以全面发展,打开国际视野,培养学生"外语外交人才"的素养,从而形成拥有创新能力、科学素养、家国情怀、国际视野的"附中学子形象",培养他们具有国际胜任的综合能力与素养。要实现这样的目标,在课程规划和建设的过程中就要依据学生立场对学生与课程的关系进行全面分析。

其一,从学生生源情况看,上外附中凭借着出色的办学业绩与良好的办学口碑,每年吸引着大批的优秀学生前来报考。在上海的各高中学校同龄学生中,上外附中学生在学习基础、学习愿望以及发展潜力等诸方面都是名列前茅的。从学生的学业水平、学科竞赛成绩,自主规划意识和自主学习能力,以及高中毕业方向的多元化等方面,都说明上外附中在创建特色课程体系、推进核心素养教育方面有着良好的学生基础。

其二,从学生毕业升学情况看,上外附中经过 60 年的耕耘努力,已发展成为一所特色鲜明、优势突出的国际化、信息化、现代化、开放型学校,为国家培养了一批又一批外语特长、文理兼修的国际化复合型人才。学校拥有优质的师资、小班化教学的模式、多样化的课程设置、诸多对外交流机会,为学生的外语学习提供了极为有利的条件。每年的毕业生中,有近百名学生通过推免、保送进入全国各地一流大学继续深造,另有百余名学生申请欧美等世界名校。除此之外,每年还有 30 至 50 名的学生参加国内秋季高考,其中参加高考的学生 90% 都能被国内"双一流"高校录取。

其三,根据当前国家和上海的课程建设与改革政策,传统的单一的课程

---

① 成尚荣.儿童立场:教育从这儿出发[J].人民教育,2007(23):5-9.

结构已经不再适应当下学校教育教学和人才培养的需要,建构涵盖必修、选择性必修和选修三类课程在内的完整的课程结构体系势在必行。同时,在这样的整体课程框架体系内,需要充分调研上外附中学生对于课程建设的独特要求,充分整合挖掘校内外课程资源,在课程的丰富性、特色性、选择性上尝试进行改革创新,既有效落实国家层面的课程要求,也充分满足学生的课程需求,以高质量课程促进学生高质量成长。

三、增强资源意识,课程建设始终注重资源整合

课程的建设和实施需要资源,课程资源作为课程设计与实施的途径,其开发与有效运用是课程目标得以顺利实现的必要条件。[①] 因此在课程规划之初,就要有资源的意识。对于学校的课程建设而言,外部可利用的资源往往不是天然存在的,也未必能够直接作用于学校的课程建设之中。课程资源的开发和利用,既需要具有匹配当下课程教学改革的资源拓展意识,也需要校长、教师等具备课程资源开发利用的相应能力和素质。从某种意义上说,我们当前强调的学校课程领导力、校长和教师课程领导力的提升,在很大程度上就体现为学校及相关教育主体的课程资源开发利用能力。

上外附中的课程建设与发展有着丰富的资源作为支撑。从内部看,上外附中有一支高素质、年轻化的教师队伍。目前高中部 110 位专任教师,100% 具有本科以上学历,具有研究生学历的教师占比接近 30%,有多位青年教师正参加在职研究生学历进修。110 位专任教师中,50 岁以下的中青年教师 96 人,占比接近 90%,具有高级职称的 37 人,占比近 34%。学校教师积极参与新课标、新高考改革背景下的课程建设和教学变革,参加市、区、校级教科研课题项目的达 75 人次。近三年来,学校教师在省市级以上报刊发表教科研论文近 40 篇。学校师资队伍能胜任高考改革背景下的课程建设和教学变革需

---

① 张春利,李立群.课程资源开发的困境与对策[J].东北师大学报(哲学社会科学版),2014(05):284-286.

求，且有一定数量的教师在相关领域有较高专业地位和影响力。高质量的教师队伍是学校课程建设与发展最宝贵的人力、智力资源。从外部看，一方面，上外附中作为上海外国语大学的附属中学，在利用高校综合多样的系科专业资源、资料丰富的图书资源、严谨科学的研究资源以及知识渊博的专家资源等方面有着得天独厚的优势。在课程建设与实施上，我们结合对于学生课程需求和成长需要的调研，加强与上海外国语大学等高校资源的联系和共建，积极利用高校的学科专业优势来丰富学校的课程设置；利用高校丰富的实验场所开设体验式、探究式和综合实践课程；经常性邀请高校的专家到校开展不同主题的讲座，丰富学校课程和教学活动的多样性；利用高校的学术资源，通过联合科研、结对帮助、项目指导等方式帮助上外附中学生涵养科学研究的意识，激发课题研究兴趣。另一方面，我们充分利用校友资源助力学校课程建设和人才培养。经过多年的办学和发展，上外附中培养的学生宛若星辰散布在国内外各个领域，为祖国的发展，为促进中国与世界各国的友好往来，为世界进步发展事业贡献着自己的才智。优良的教育品质、深厚的校园文化孕育和成就了一批批心系中华、放眼世界的优秀校友。高水平、规模相当的校友资源是学校发展的宝贵资源，也是学校课程发展的宝贵资源。借助优秀的校友资源，学校搭建了一批独具特色的课程，如"外交官进校园""学生使者团"等，这些优势资源已转化为促进学生多样化发展的系列课程。

基于上述分析，上外附中秉持"为每个学生提供适合的教育"，构建适合学生发展的课程体系。学校的课程建设主要聚焦以下三个方面：一是以"强化英语，多语并进"为特色的外语类必修课程和选择性必修课程建设；二是以满足学生个性化发展为目标的选修课程建设；三是以培养学生创新精神和跨学科融合能力为重点的综合实践活动。目前，学校基本构建起以"多语种、国际化"为特色的课程体系，为培养学生形成匹配国际胜任力的综合素质提供相应的课程支撑，学生可以根据不同的发展方向以及学习水平，选择多元化、个性化的课程以满足自身需求。

第二节 培育核心素养,达成学校课程目标的科学性设计

课程目标不仅是教育目标和教学目标之间的重要桥梁,也是引领课程建设、实施和评价的重要导向。课程目标是构成课程内涵和课程体系的第一要素,要建构完善的学校课程体系,首要的任务就要对课程目标进行科学厘定。

在近现代课程论体系中,课程目标的厘定是一个重要的研究领域,学校课程目标的确定不是随意的,而是有其内在的逻辑、价值、原则和方法。对于上外附中而言,我们始终认为,不能单纯从技术、专业、理论的角度思考学校的课程目标建设问题,而是要抓住课程建设的基本价值取向——赋能学生成长和发展,从学生立场审视和构建学校的课程目标体系,将课程建设与实施的目标与学生成长目标有机融合,在达成学校人才培养目标的实践中彰显学校课程建设的价值导向。

基于上述理解,上外附中的课程建设旨在进一步提升学生综合素质,着力发展学生核心素养,重点培育“外语外交人才”的素养,提升学生国际胜任力,发展学生创新能力、科学素养,使学生成为兼具家国情怀和国际视野的“全面发展、复合型、国际型预备英才”。具体而言,学校的课程建设要达到以下四个维度的目标导向。

一、以课程建设培养学生的理想信念和社会责任意识

学校教育担负着“为党育人、为国育才”的重要使命,这一使命的完成首先需要相应的课程建设作为支撑。因此,在考虑课程建设目标体系的时候,首先应该从党和国家事业发展的高度和立德树人的根本任务出发,体现学校课程建设主动对接国家层面人才培养需求的战略导向。从这个角度出发,结合高中和义务教育阶段课程标准、课程方案的相关要求,上外附中通过课程

建设,引导学生初步形成正确的世界观、人生观和价值观,坚定理想信念,增强社会责任意识;引导学生热爱祖国,拥护中国共产党;引导学生自觉弘扬中华优秀传统文化,继承革命文化,发展社会主义先进文化,培育和践行社会主义核心价值观,增强文化自信,树立为中国特色社会主义、人民幸福、民族振兴和社会进步作贡献的远大志向;引导学生遵纪守法,履行公民义务,行使公民权利,维护社会公平正义,具有法治意识、道德观念;引导学生热心公益、志愿服务,具有奉献精神;引导学生尊重自然,保护环境,具有生态文明意识;引导学生维护民族团结,树立总体国家安全观,捍卫国家主权、尊严和利益。

二、以课程建设夯实学生的科学文化和终身学习能力

课程的建设既需要指向学生当下的学校生活,也要对标未来社会发展对学生整体素养的要求,体现出一定的预判性和超前性。从当前经济社会发展的现实状况看,学生科学文化素养和终身学习能力对于其更好地适应未来社会,形成国际竞争力,参与国际事务等具有重要的价值。从这个角度出发,尽管上外附中是一所以外语教学为特色的学校,但是我们在课程建设的过程中要跳出单纯的外语培养的局限,对学生科学文化素养和终身学习能力的培养给予足够重视。因此,对于上外附中而言,我们要通过课程建设引导学生掌握当下和未来时代发展必需的基本知识和能力,丰富学生的文化涵养,提升学生的人文素养,厚植学生未来生活和工作的底蕴。同时,要注重引导学生养成敢于质疑的批判精神,培养学生的问题意识、高阶思维,引导学生学会用自己所学的知识解决实践性问题。当然,课程能够给予学生的知识和体验是有限的,我们要通过课程教学的渗透,帮助学生养成终身学习的理念和习惯,特别是顺应信息时代的发展要求,学会获取、判断和处理信息,从而真正养成匹配急速变化时代所需要的能力与素质。

三、以课程建设强化学生的自主发展和沟通合作能力

自主发展和沟通合作是学生立足未来社会的必备技能。因此,课程建设

要致力于培养学生自主学习和适应社会的能力,引导学生坚持锻炼身体,养成积极健康的行为习惯与生活方式,珍爱生命,强健体魄,引导学生自尊自信自爱,坚韧乐观,奋发向上,具有积极的心理品质;培养学生使之具有发现、鉴赏和创造美的能力,具有健康的审美情趣;学会独立生活,热爱劳动,具备社会适应能力;引导学生正确认识自我,具有一定的生涯规划能力;培养学生文明礼貌,诚信友善,尊重他人,与人和谐相处的良好素养;让学生学会交流与合作,具有团队精神和一定的组织活动能力,具备全球化时代所需要的交往能力。

四、以课程建设拓展学生的国际视野和国际交流能力

上外附中致力于通过课程建设,引导学生掌握两种以上外国语言,具有世界公民意识;有较为宽广的中外文化知识基础,具备在多元文化背景下学习、生存和发展的能力;尊重和理解文化的多样性,具有开放意识和国际视野;具有强烈的爱国情感、报国之志、效国之能和宽广的国际视野、世界胸怀;具有国际学习、国际沟通、国际理解、善用国际资源的素养和能力。

在学校课程建设的学生培养方面,上外附中高二年级的吴思涵同学便是突出的代表。在第五届中国国际进口博览会上,吴思涵同学凭借她的科创项目"帮助听障人士感知音乐"受邀参展。该项目在第二届人工智能全球影响力嘉年华(Intel AI Impact Festival)13 至 18 岁赛道中脱颖而出,获得全国一等奖,并代表中国参与全球评审。

在进博会展台上,吴思涵同学接待了来自多个国家的展商,并用中英文介绍了她的项目。该项目立意独特而有意义,引起了许多参观者的注意。

谈及此次活动的体会,吴思涵同学坦言:"关于这个项目,我的灵感来源于自己一年多的手语学习。对于听力障碍人士来说,与人交流可以用手语有效解决。至于听音乐,打手语就不行了,因为音乐是一种感官的刺激,不是一种平白的叙述。它是更高层次的精神方面的需求,是一种多维度的体验,它的信息远不止听觉。因此,我希望帮助听力障碍人士听到音乐。我主要利用

算法找到听力障碍人士的听力范围,找到可听的频率关系,然后根据每一个人不同的听力范围调节音频振动频率和振幅并对软件进行训练,建立振动与音乐的关系,并且通过机器学习寻找同类'可听到的音乐'。这个座椅可以帮助听障人士通过椅子的震动,骨传导到人体中,通过椅背上方骨传导耳机的辅助,让人体感受到其韵律与节奏,帮助听障人士听到音乐。座椅扶手的振子分别连接左右声道各四个。把手下面也会隐藏控制面板可以调节音乐进度。要真正完成这个设计,需要用到多个领域的知识。我很感谢学校对于学生科技素养培育的重视,给了我们很多创新的空间和支持。学校丰富的课程、灵活的教学方式,也让我们能够在项目研发的过程中找到更多的同伴和资源。在一次又一次的调试程序错误、优化程序冗余的过程中,我深深地体会到了计算机科学的魅力,渴望掌握正在飞速发展的信息技术。我也暗下决心要努力为当今的社会和未来的世界创造价值。"

为什么上外附中的办学质量和发展成效能够得到社会的广泛认可?为什么我们的学生能够获得自由、丰富而生动地成长?归根到底是因为学校在课程建设领域持之以恒地投入。从这个角度出发,没有完善的课程体系,就没有高质量、特色化的人才培养。要培养具有国际胜任力的预备英才,实现"全面发展、复合型、国际型预备英才"的培养目标,要求我们在新时代的教育场域中对学校课程进行重新思考和设计。

第三节　坚持系统思考,完成学校课程体系的整体性架构

对于学校发展而言,课程不是一种零散的存在,而是聚焦于人才培养目标,体现出一定的系统性思考的整体设计,要注重形成特色和体系。由此,课程体系的构建是一所学校内涵发展的关键所在,也是整合课程元素、类型、内

容、载体等,形成支撑学生成长共性力量的内在要求。在课程体系构建中,一方面,需要将国家层面的课程要求不折不扣地进行落实,另一方面,需要结合学校独特的办学理念和人才培养目标,以学生为基,统筹考虑,为学生未来发展奠定坚实基础。

一、课程结构注重系统性,有效引领学生迈向全方位发展

根据教育部《普通高中课程方案》《义务教育课程方案》和上海市教委相关文件要求,上外附中的课程由三大类组成:必修课程、选择性必修课程和选修课程。其中,必修和选择性必修为国家课程,选修为校本课程。

(一)学校必修课程设置情况

必修课程由国家根据学生全面发展需要设置,所有学生必须全部修习。根据学校办学特色,在必修课程板块,外语课程除修习英语必修课程之外,双语班和"一带一路"班学生还必修一门非通用语种,具体包括:德语、法语、日语、西班牙语、俄语、意大利语、葡萄牙语、阿拉伯语、希伯来语等。

学校充分发挥七年一贯制和"外语+"的优势,创新基础学科拔尖学生的培养,为国家重大战略需求的高端人才选拔做好储备。学校对数学、物理、生物、化学和信息五门学科进行国家课程校本化实施。

在中预年级和初一年级进行学科能力选拔,对拔尖学生分别成立数学和物理研修班,配备一流的师资,进行小班化培养;在初三毕业时完成数学和物理的初高中全部课程的学习;在初三下学期,对通过直升考的学生进行选拔,分别开设生物、化学和信息三门学科的研修班,充分利用初三第二学期的学习时间,将高中课程下移,做好初高中的课程衔接。

进入高中时,对于基础学科拔尖的学生根据学科专长和学习需求再进行学科深造和学科交叉培养。

此外,学校选择性必修课程由国家根据学生个性发展和升学考试需要设置。参加普通高等学校招生全国统一考试的学生,必须在本类课程规定范围内选择相关科目修习;其他学生结合兴趣爱好,也必须选择部分科目内容修

习,以满足毕业学分的要求。

(二)学校选修课程设置的探索

选修课程根据学校的办学特色,为充分满足学生个性化发展的课程需要而开发设置,设有外语与外交、人文与社会、数理与科学、艺术与健身、综合实践活动五个板块共 100 余门课程供学生自主选择修习。

此外,学校建构以培养学生创新精神和跨学科融合能力为重点的"课程+项目+活动"的综合实践活动课程。学校整合现有社团和馆校合作项目,建设物理、化学、生物创新实验室,引导学生以项目为切入点,打破学科界限,主动综合运用各学科知识分析解决实际问题,切实帮助学生为适应全球化与跨文化的未来做好准备,成为国际型预备英才。

学校与中科院上海生命科学研究院、上海技术物理研究所和上海天文台合作,借助中科院的资源提供前沿的课题项目、研究专家导师和实验室,培育一支资源共享、融会贯通的跨学科指导教师团队和科研团队。学校开设生物领域人脸识别的创新实验室,并与上海技物所和天文台合作开展了 24 个课题项目研究。

学校现有 51 个学生社团,其中有 19 个研究性学习社团。以"模拟联合国"社团为例,学生充分利用语言优势,集政治、经济、历史、生物等跨学科知识融合开展项目实践,不仅学会交流与合作,锻炼组织活动能力,培养团队精神,还能不断理解和尊重文化的多样性,提升开放意识,打开国际视野,从而具备全球化时代所需要的交往能力。

学生在综合实践活动和项目研究的过程中得到充分的锻炼,在实践中逐步培养了良好的跨文化国际交流的沟通合作能力、创造力、批判性思维与问题解决能力、领导力等素养,综合素质得到全面的提升。

二、课程实施具有创造性,充分体现新课程标准相关理念

课程实施是课程建设领域的重要内容,也是当下课程教学改革过程中最具有创造性的内容。在当代课程建设与改革的理论视域内,课程实施并不能

简单地照搬课程计划或者课程方案。要保障课程实施的效能,必然需要课程实施者情感、技能、智慧的持续投入,其中最为重要的是要根据不断变化的教育场景对课程方案本身做好调整、修改、补充,并结合实际选择有效的课程实施方法。

学校必须不折不扣地执行国家课程,落实国家层面的整体性课程要求,特别是要将新课程标准的相关理念在学校课程实施中得到真正体现。此外,需要认识到,任何层面的课程实施都不应该是僵化的、统一的,学校需要在坚持国家层面课程基本要求和核心精神、理念的基础上,根据自身的特点、文化、需要、优势等,对国家层面的课程进行创造性地、校本化地转化。因此,在建构学校课程实施体系的过程中,上外附中始终坚持国家课程的校本化实施和校本课程的个性化实施两个基本原则,科学设置课时内容,整体性架构课程实施的基本要求和规范,让课程实施既能够承担"为党育人、为国育才"的使命,又能够更好地培养符合学校办学定位和特色的高质量人才。

其一,国家课程的校本化实施。国家课程的实施中,主要是根据上外附中特点制定各学科课程教学方案,制定七年一贯的教学目标,有详尽的授课计划。教学过程中,教学策略得当、教学手段丰富,有利于激发学生的学习热情,通过讲授式学习、探究式学习、自主学习和合作学习等多种学习方式,激发学生主动探究和实践体验的兴趣,从思想、能力和价值观等诸方面引导学生,促进学生的个性发展和全面素质的提高。

其二,校本课程的个性化实施。校本课程实施要坚持以"民族感""责任心""使命感"为关键词,以语言为工具,提升学生的跨文化交际与理解能力。课程实施过程中,注重引导学生树立"心系中华,放眼天下"信念,鼓励学生开展自主学习、合作学习,开展不同领域的课题研究,加入公益实践,参与竞赛交流,学习管理技巧等,在各类国际交流的项目中,充分体现"用外语自如地说好中国故事,自信地展示中国文化"的要求。上外附中在课程实施过程中重视民族精神及爱国主义教育,大力打造"中国文化节"和"国际文化节"等高品质的主题活动及校内外综合实践平台,并以此为抓手,助力学生多项能力的培养与融合。我们注重鼓励和引导学生传承中华民族传统美德、弘扬民族优秀文化和精神,立爱国之志,效爱国之行,以中华文化为根,汲取多元文化之精华,献智国际规则,推动国际事务,促进学生植根民族、服务世界的理想价值,着力培养具有"中国心""民族魂"的"国际人"。

在具体的课程实施中,根据学校课程计划和学分安排,学生在高一、高二和高三不同学年进行必修课程、选择性必修课程和选修课程的修习。在毕业时,英语班学生必修学分需达到 88 分,"一带一路"班必修分需达到 92 分,双语班学生必修学分需达到 94 分;选择性必修学分 42 分及以上;选修学分 17 学分及以上。

着眼学生核心素养的培育和全面发展的达成,特别是其未来参与全球治理的国际胜任力培育,学校在课程的具体实施中注重教学方法的创新,力求通过契合现代教育改革发展和学生成长需要的教学方法更好地落实课程建设领域的整体设计。教学方法的探索和创新将在下一章中呈现。

三、课程评价突出有效性,推动新时代教育评价效能落地

纵观近年来的教育教学改革,评价领域的变革和重构是最受关注的领域。当然,在很多的一线教育管理者看来,建构科学的学校教育评价体系,也是学校改革发展中的难点问题。评价的改革需要有相应的理论与政策作为支撑。《深化新时代教育评价改革总体方案》明确提出,我国各类型教育评价改革,要注重"改进结果评价,强化过程评价,探索增值评价,健全综合评价","到 2035 年,基本形成富有时代特征、彰显中国特色、体现世界水平的教育评价体系"。这是我国新时代教育评价改革的纲领性文件,也能够为学校层面建构科学的教育评价体系提供支持。课程评价是学校教育评价体系的重要一环,对学校课程建设实施及其应有育人价值的发挥具有重要的支持与保障作用。对于学校而言,要深刻把握新时代教育评价的基本理念,将其倡导的发展性、增值性、全息性、过程性等理念有效贯彻到学校课程评价体系的建构之中,通过评价领域的变革建构起更加完善科学的学校课程实施体系,同时

也依托评价结果的有效呈现和运用,达到"以评价反哺和改进课程教学实施"的价值导向。

在我看来,学校课程评价体系是高水平实施学校课程建设方案的关键。学校课程评价的核心是关注课程设置的合理性、有效性和可循环性。通过课程分析评估,发现课程以及课程实施的问题,以便做修正和改进,既可以促进课程体系的完善和发展,也可以为学生选课提供指导和参考。根据课程种类,学校分别实施不同方式的评价,确保课程评价的针对性和有效性。

（一）国家课程的评价

按照国家规定的时间参加学业水平合格考试、学业水平等级考试以及普通高校招生统一考试。

每学期由学校统一组织期中、期末考试,统一命题。必修课程的试卷难度、满分和考试时间按学业水平合格考试要求,选择性必修课程的试卷难度、满分和考试时间按学业水平等级考试或普通高校招生统一考试要求。考试形式为纸笔考试,阅卷形式为网上阅卷。

每学期由教研组组织,各年级备课组按学科要求制定平时成绩的评价标准,统一要求、注重学习过程。语文、历史、政治等学科将学生日常演讲等活动纳入平时成绩的评价标准中,满分100分。

每学期外语科目由各学科备课组统一命题,按学校规定的时间进行期中、期末的听说测试;结合学生课文背诵、日常演讲等活动,由外语教研组制定平时成绩的评价标准,满分均为100分。

（二）校本课程的评价

校本课程也即选修课程,在评价上以满足学生的课程需求为根本导向,根据不同的课程门类和层次建立相应的评价标准。校本课程评价主要包含对课程的评价以及对学生的评价两方面。

其一,对课程的评价,主要包括学生课程满意率评价和课程执教教师自评两个部分。

学生课程满意率评价:学校制定课程满意率量表,在一轮选修课结束后让学生对所学课程进行满意度评价,根据满意率评价结果对课程实施动态调整。若满意率位居前列,学校则根据相关制度予以奖励;若满意率过低,学校课程发展中心及时介入,联合教研组、执教教师适时调整改进该课程。

课程执教教师自评:学校制定课程执教教师自评量表,在一轮选修课结束后要求执教教师从课程内容、课程设计、课堂教学、课程效果等多方面进行自评,及时总结经验,为下一轮课程的开始做好充分的准备。

其二,对学生的评价。校本课程中对学生的评价主要采用学分制,在具体评价中主要考虑以下三个方面因素:学生学习该课程的课时总量,根据不同的学时来评分;学生在学习中的表现状况,如学习参与量、态度、积极性等,教师根据观察、交流、学习过程中的情况记录,进行打分或者评定等级;学习的客观效果,教师根据中期考核、期末考核来评价学生的学习质量以及掌握程度进行打分或者评级。

第四节　创新优化推进,集成学校课程实施的保障性举措

学校的课程建设,不论是课程内容的架构和研发,还是课程实施与评价的设计,都是一个多元参与的系统性工程。要实现课程的有效实施和价值、功能的发挥,一方面需要课程建设在目标、理念、内容等领域自身的合理性,另一方面也需要课程实施者良好的课程实施素养,特别是能够根据课程教学改革的最新理念与精神,以高度的课程自觉投身于课程实施过程之中,通过创造性的方法实施课程,保障课程实施质量,提升课程实施效能。不仅如此,在充分调动课程利益主体的课程治理自觉性、主动性的同时,也要考虑到课程建设改革同学校其他领域改革发展的内在逻辑关系,考虑到课程建设和实施本身的复杂性、系统性,从不同维度入手,建构课程实施的有效保障体系。

在我看来,课程实施是一个多种元素、多元主体系统联动的过程,复杂性

和系统性是其重要特征。真正促进课程的有效实施,除了课程内容和体系本身的完整性、科学性之外,还要关注课程实施过程中哪些维度的内容和要求得到了有效实施,哪些内容和要求没有得到实施,没有实施的具体原因有哪些,是否能够做出相应的调整;同时也要关注围绕课程实施学校所建构起来的相应的实施保障体系,通过内外部资源的有效整合,建构适应现代课程治理理念的课程质量保障体系,从根本上保障课程实施的效能。

着眼于学校课程的高质量实施,上外附中根据教育部新修订课程标准及上海市教育委员会、区(县)教育行政部门的有关文件精神和学校的办学目标,设置学校的课程,并报区(县)教育行政部门审查、备案。学校的课程计划向学生及家长公开,并在学校官网和微信公众号上公布,接受家长、社会的监督。不仅如此,着眼于高质量课程实施体系建构,学校以现代课程治理理念为引领,从多个维度着手建构课程实施的保障性举措,从而让学校的课程建设与改革整体嵌入学校内涵发展,在全校范围内形成人人参与课程变革、人人促进课程品质提升的良好氛围。

一、改进组织结构,强化组织管理

为充分保证学校课程方案的落实与推进,规范、有序、校本化实施三类课程,学校根据教育部和上海市教委颁布的有关文件精神,结合校情,建立有效的课程组织机构,明确各部门的管理职责,从而有序推进课程的实施。

在与各学科教研组研讨的基础上,学校课程发展中心制定课程发展规划、每个学年的课程计划和课程设置说明,然后传达并实施。学校根据必修课程、选择性必修课程、选修课程三类不同的课程类型与特点,分别采用班级制、走班制、导师制等形式,通过课程发展中心联合教师发展中心、教研组、备课组、教师实施四级管理,学生发展中心、年级组和班主任对课程实施进行协助和保障,不断优化和完善课程设置、课程实施、课程管理和课程评价。

表 3-1　上外附中课程实施领导小组人员和分工明细

名　称	成　员	责　任　与　任　务
课程领导小组	校长、分管校长	根据校情,具体决策、规范学校三类课程建设总体方向;从理论上引领、指导三类课程的教学与管理工作;确定每学期课程教学的工作重点;指导课程发展中心、教师发展中心、考试与评价中心、学生发展中心开展工作
课程发展中心	主任、副主任	围绕学校办学特色,全面落实学校课程方案的研发,包括:规划学校课程框架结构、课时配比和课程开发方案;具体安排、部署学校三类课程的教学工作;加强教研组长、备课组长队伍建设;制订学校选修课程的评价方案
教师发展中心	主任、副主任	对学校制定的课程方案提出建议;围绕学校课程方案的落实,制订学校教师校本研修方案;具体安排、部署学校三类课程的课题研究与教学研讨
考试与评价中心	主任、副主任	制定国家课程校本化实施的评价方案,根据不同升学方向指导学生选课
学生发展中心	主任、副主任	结合学校德育工作、学生生涯发展工作与各部门合作,主持做好高中学生综合素质评价工作的宣传及年级组、班主任、学生培训工作,按照时间节点,联合各相关部门,及时下发各类综评通知,督促学生及班主任进行综评各阶段操作;负责综评工作内容中志愿者服务、军事训练、社会实践、党团活动记录、个人荣誉记录、违纪犯罪记录六个模块。承担学生综合素质评价的主要录入工作。组织年级组、班主任以及社团指导教师做好艺术课程(大型校园活动合唱、才艺表演等),劳动课程(志愿者服务、校内值勤、学农)、社团活动的学分审核与认定
年级组	年级组长	关注本年级三类课程的教学质量,及时与年级组成员进行沟通,向课程发展中心反馈年级组课程教学情况;做好每次大型考试后本年级的教学质量分析,召开年级组质量分析会
教研组	教研组长	组织本学科组教师进行三类课程的开发和实施;根据学校确定的教研主题组织好每次的教研活动和校本研修活动;关注、引导组员的专业发展;及时向教师发展中心和课程发展中心反馈本组教师教学情况和课程实施情况,积极参与教学工作商讨,抓好教研组常规工作;对组员进行教学常规考核
备课组	备课组长	认真策划备课组学年、学期课程教学计划;团结组员,集思广益,配合教研组长做好教研活动;组织组员相互听课、评课、备课、研讨,形成浓厚的教研氛围

名　称	成　员	责　任　与　任　务
班主任	各班班主任	协助本班级三类课程的实施,关注本班级教学质量,及时将班级教学情况反馈至备课组和年级组
教师	所有学科教师	明确自身在课程中的职责,做好教学"6＋1"环节常规工作,积极主动参与各项教研活动,不断完善教学行为,提升专业素养

二、完善制度建设,优化制度管理

课程的有效运行需要依赖科学的课程管理,而课程管理的有效开展,则需要完善、系统的课程制度作为抓手。从概念上说,学校课程制度是关于学校课程建设、实施、管理、评价的一系列程序、步骤和规范体系。在现代课程管理的理论范畴下,重视课程管理的制度建设已经成为一种共识。而学校课程制度的建设,一是要体现民主性,即要通过课程制度建设来调动课程主体,特别是教师和学生的课程参与意识,形成推动课程建设和改革的持续力量;二是要体现规范性,也就是要通过合理完善的制度建设,为集体成员在课程领域的行动提供价值标杆和行为方式[1],从而保障学校的课程计划或课程方案真正得到有效落实。

上外附中经过多年的实践,制定了一系列的管理制度,实现了学校管理的制度化、规范化。学校在充分发挥师生民主管理的积极性和主动性的基础上,继续完善了一系列的管理条例和严格的规章制度。与课程建设和实施密切相关的有如下制度。

(一) 教学管理制度

学校的教学管理制度比较规范有序,对教师备课、作业布置、考试命题、教研活动、教学检查考核等方面均有明确的制度要求。学校每个学年度都会编制《课程与教学计划》,同时针对教师的专业工作,编制了《教师基本要求》

---

[1]　代建军.课程制度创新[J].课程・教材・教法,2008(04):3-7＋57.

《教学常规》《教学评估条例》《教学工作事故责任认定条例》《新教师见习期规定》《(竞赛)奖励办法》等一系列确保教学工作正常开展的规章制度。

(二)教师发展制度

学校努力为教师提供符合"可持续发展"理念的个性化专业发展机会和平台,建立了提升教师专业素养的校本培训机制和制度,如《见习教师培训计划》《班主任培训计划》《上外附中校级骨干人员评选和认定条件》《上外附中教师专业人才梯队考核实施细则》等,确保教师在课程实施执行过程中也能获得专业发展。

(三)教研制度

学校通过建立提升教师专业素养的校本培训机制和制度,通过引导教师自我学习、教研组同伴研讨、专家引领形成"研训共同体"。在教研制度建设上有《上外附中教学科研成果奖励办法》《外语特色课程开发建设制度》《教研组长听课制度》等。

这些规章制度的建立和不断完善,为学校日常管理工作的科学化、制度化、规范化奠定了基础,使学校课程方案在实施中做到有规可依,有序推进。

三、加大资源投入,保障稳步推进

为使新课程能够稳步推进,各类课程能够顺利开设并实施,上外附中在经费投入、师资配备、高水平资源引进等方面予以充分支持与保障。

在经费保障方面,首先,确保按上海市教委要求全额满足新课程工作的资金需求,如课程开发、教师培训等;其次,做好专项资金预算,积极向上级部门争取资金支持;再次,利用上外附中在社会上的影响力,积极争取社会资金对学校课程改革的支持,如教师培训、教学设备配置等。

在师资配备方面,学校教师根据自身特长,积极开发、开设各类选修课。与此同时,学校积极利用上外附中的办学声誉,组建由社会各界精英参与的教师资源库和学生生涯发展导师团队;充分利用上海外国语大学等知名高校的智力优势和专业优势,为选修课提供广泛的师资保障。

在高水平资源引进方面,学校与中科院上海生命科学研究院、中科院上海技术物理研究所、中国科学院天文台合作,借助中科院的资源提供前沿的研究课题、研究专家导师和实验室,整合现有的社团和馆校合作项目,培育出一支资源共享、融会贯通的跨学科指导教师团队和科研团队。学校还设立了诸如上海博物馆、上海科技馆、上海自博馆、上海银行博物馆、上海市青少年活动中心、铺路石青少年发展中心、上海市军事体育俱乐部、静安区启慧学校、虹口区图书馆、长宁区初级职业学校等众多校外社会实践基地。这些高水平资源的持续引进,丰富了学校课程内容,提升了课程的层次。

四、指导学生选课,制定个性课程

近年来,在课程建设和改革的过程中,随着以学生为本理念的逐步落实,学生的课程权利问题越来越受到重视。对于学校而言,保障学生的课程权利,是课程改革中学生立场的直接体现。但是,学生的课程权利不意味着在课程建设和实施的过程中对于学生的放任自由、不管不顾。而学生课程权利最好的保障,一是要在课程建设的过程中通过课程内容的拓展,提升课程的丰富性和可选择性,满足学生全面发展的需要;二是要通过课程实施方式的变革和对课程实施过程中学生的必要指导,让课程更加契合学生个体成长需要,建构具有学生个性特征的课程。

由此出发,学校注重课程实施过程中的必要跟踪指导,帮助学生结合自身情况选择合适课程,通过课程的"私人定制"更好地实现学生与课程之间的良好匹配。第一,学校秉持"信息公开、适当引导、学生抉择"的原则帮助学生选课。学校在课程发展中心下设一个学生选课指导小组,由各学科教研组长组成,负责制定全校统一的学生选课的各种具体政策。第二,从高一第一学期开始即开设生涯规划课程,帮助学生认识自我,提升人生规划意识与能力,提高选课适宜性。第三,建立生涯规划导师制。在学生的选课过程中,由生涯规划导师给予学生点对点的指导。第四,建立家校选课沟通平台。在学校发布学期选修课程纲要时,通过家校沟通平台联系家长,动员家长参与指导学生选课。第五,学生选课指导中心要在学生选课期间提供详细的课程安排,帮助学生了解各类选修课程的具体信息,了解选修课程的学业评价和学分认定要求等,让学生自主地选课,使每一位学生都能够选择到最适合其个人发展的课程。

五、线上线下联动,重视融合学习

信息技术的广泛运用,是当今时代发展最显著、最重要的特征,不仅深刻改变了人们的生产生活方式,也必然会给教育的变革带来直观可见的机遇与挑战。从当前的情况看,随着信息技术在教育领域的充分运用,我国已经在基础教育信息化促进教育公平和信息技术与课程整合等方面开展了较多的实践探索。伴随着信息技术与教育教学的深度融合,技术赋能已经成为教育信息化领域的研究热点和实践突破口。[①] 从我国近年来先后制定出台的关于教育教学改革和教师专业发展的相关政策文件看,对于信息技术的重视已经是一个非常显著的标志,这意味着,线上线下的融合学习已经成为当下课程教学的新常态,成为保障课程质量的又一重要方式。在这样的整体背景下,对于学校而言,最为重要的就是把握信息技术发展带来的教育改革契机,通过信息技术与课程实施、评价的有效融合,发挥信息技术之于课程建设的改革红利。

随着信息技术的突飞猛进以及智能化学习设备的普及,"信息技术+教育"深度融合、"线上+线下"融合学习已成为当前教育新常态。充分利用数字化课程资源和信息化环境,构建数字化的学习平台,促进课程与信息技术的整合是学校课程发展的重要工作之一。教育信息化技术的运用可以打通物理空间与网络空间之间的壁垒,让所有学生在任何地方、任何时刻都可以获取所需的任何信息。利用信息化手段打破校园的围墙,将外部的社会资源通过信息技术的整合挖掘有效运用到课程实施的过程之

---

① 万昆,任友群.技术赋能:教育信息化2.0时代基础教育信息化转型发展方向[J].电化教育研究,2020,41(06):98-104.

中,拓展了学生学习的载体与空间。利用信息技术,创新教与学的方式,改变训练手段,可以提高教学效益。与此同时,利用人工智能技术精准识别学习者特征,全面感知学习者的学习状态,可以为其提供量身定制的最优化学习路径。

信息技术与课程教学的有效融合,实际上是一个具有丰富讨论价值和空间的命题。仅从课程建设和实施的角度看,信息技术的发展无疑在很大程度上拓展了课程教学的变革空间,让新的教学、管理和评价工具有了创新的可能。运用信息技术来变革课程教学,实际上也是保障新时代课程实施成效的有效思路。

总而言之,课程领域的变革是学校整体变革中最为关键和核心的领域。从当前我国课程教学改革发展的整体趋势看,学校的课程要增强时代性,充分体现先进的教育思想和教育理念,也要能够全面反映学校的教育观和人才观[1],能够根据国家层面的课程改革整体趋势整合多方资源和力量,建构属于学校的独特课程体系。

上外附中在认真研读和把握国家课程改革要求的基础上,结合自身对于培养参与全球治理的高素质专业化人才的价值和定位,着眼于学生课程需求的分析和资源的整合,建构起完整的课程体系,充分体现了新时代学校课程体系的文化特征、素养特征、融合特征、贯通特征。更为重要的是,审视上外附中的课程体系,尽管学校是一所外语类特色学校,但是在课程建设和实施中,学校始终把立德树人的价值和国家认同、家国情怀的要求作为课程之本,以培养学生的家国情怀为课程实施和评价的重要目标导向,这就让学校的课程建设既有外语特色,又能够真正承担起立德树人的教育根本任务。不仅如此,上外附中的独特课程体系,既能够涵养学生的家国情怀,也能够在多维度上拓展提升学生的国际视野、实践能力、科学精神、语用能力和综合素养。这些人才培养多维度的支撑,实际上与我们所建构的培养具有国际胜

① 谭琳,高磊.新时代中小学学校课程体系的基本特征[J].中国教育学刊,2022(10):104.

任力的预备英才的目标、模型等具有内在的逻辑契合。学校扎实的课程建设,特别是完善而有特色的课程体系建构能够为学生国际胜任力的培养提供坚实支撑,让国际胜任力的培养从一种理想的设计落地为人才培养和课程教学改革中的现实。

第四章

教学变革

——创新具有国际胜任力的预备英才培养之策

教学是学校立校之本,也是人才培养的关键支撑。围绕具有国际胜任力的预备英才培养目标,上外附中持续推进教学改革。作为一所外语特色中学,上外附中始终坚持以引领中学外语教学的改革发展为己任,积极投身与时代和教育发展相适应的外语教学策略之中,做好传统的英语教学,也在小语种教学和小语种特殊人才的培养上进行着持续性的尝试,力求真正建构起一种能够充分发挥外语教学立德树人价值,引领中学外语教学改革风潮的有效教学研究与实践体系。

在学校整体性的课程建设与改革过程中,课程的有效实施问题是一个相对独立而又重要的领域。教学是课程实施的基本方式,在我国,"教学是学校的中心工作"是植根于人们内心深处的公理。新中国成立70多年来,发端于各层级的教学改革风起云涌。虽然教学改革探索的主题、动机、层次、规模、内容不同,但从根本上看都是为了提高教学质量,提升人才培养质量而开展的,其核心的价值没有发生变化。由此,教学改革与学生成长密切相关,探索具有国际胜任力的预备英才培养问题,归根到底是要回归到教学之中。

不论是培养学生的国际胜任力,还是引导学生参与全球治理,都是一种复合型的能力要求,它超越单纯的知识和技能取向,倡导培养学生的综合素养。那么,我们的教学,特别是学科教学,能否真正承担起培养这种复合型、高素质人才的责任? 这是在课程教学和人才培养改革过程中学校必须要认真思考的重要问题。

一直以来,教育最为深刻的危机之一就在于对单纯的知识传递的固守。近年来,随着各级各类课程教学改革的深入,这种知识导向的教育教学观得到了一定的改善。特别是普通高中和义务教育阶段新课标、新方案的制定出台,为课程教学更好地承担人才培养的重任提供了新的引领和支持。落实新课程要求,着眼个性化的人才培养价值导向,不断推动教学在实践领域的改革创新,以高质量、特色化的教学方法支持学校内涵发展和人才培养,这是身处新时代教育改革发展语境的每一所学校的必然选择。

第一节　明确价值取向,引领中学
外语的教改方向

上外附中作为一所语言特色的中学,从创办之初就具有鲜明的外语特色。从中学阶段外语教学研究与实践的历史看,整个 20 世纪的中学外语教学,对于教学方法的探讨是贯穿始终的重要命题。这种探索大致可以划分为两个时期。第一个时期是对具体教学方法的探讨时期,即结合语言学习、外语学习的相关理论,探讨中学阶段可行的外语教学方法,生成了语法翻译法、听说读写法、情境教学法、交际互动法等不同的教学方法。这些方法在每一个阶段的中学外语教学中处于不同的地位,也反映了人们对于外语教学、语言学习不同的认知,其中的核心在于人们普遍期望能够寻找到一种适合中学阶段外语教与学的最优秀的教学方法,这被称为外语教学历史上的"方法的时代"[①]。第二个时期,进入 20 世纪尾声,随着课程教学改革的演进,特别是学生为本、全面发展、学科交叉、课程融合、信息技术、教育开放性等新的教育理念、手段、特征的出现,外语教学开始进入"后方法时代"。此时,尽管对教学方法的探索已经不再是中学外语教学唯一的核心命题,但是对于有效方法的探讨依然是一线教师最为关注的命题。只是这种关注随着人们对外语教学价值目标的转变而发生了重要的转型:在当前的教育教学和人才培养观念中,外语教学的目标不再是单纯地培养具有外语听说读写能力的"语言型"人才,而是应该注重发挥语言教学的综合育人价值,以语言学习为载体和工具,培养"复合型、研究型、应用型、创新型"人才。这意味着在英语教学的"后方法时代",我们应该关注的不再是"方法"作为一个概念本身的解读与阐释,而是要围绕"多元化"的外语人才培养观念拓展外语教学的路径体系,发挥外语

---

① 　田贵森.后方法时代外语教学的理念与实践[J].江苏教育(中学版),2013(38):25-26.

教学的综合育人价值。

在这样的背景下,作为一所外语中学,上外附中始终坚持以引领中学外语教学的改革发展为己任,积极投身契合时代和与教育发展相适应的外语教学策略探索之中,做好传统的英语教学的同时,也在小语种教学和小语种特殊人才的培养上进行持续性的尝试,力求真正建构起能够充分发挥外语教学立德树人价值,引领中学外语教学改革风潮的有效教学研究与实践体系。

一、总结与创新:英语学科教学的持续变革

在英语课程教学方面,上外附中长期以来处于全国中等外语教育教学改革的最前沿,一直探索着先进的外语教学法,先后或同时采用了"启发式情景教学""听说领先读写跟上""教学过程交际化"和"开放式文化主题教学"等方法,不断总结与创新。目前,学校在全面推广运用国家教材的基础上,不断拓展课程和教学资源,探索开展小班化全英文的教学形式。教师普遍选用围绕文化为中心的教材,运用开放式文化主题教学的方法开展主题式教学,旨在通过学习、探究中外文化的差异,使学生能够理解和尊重不同文化,具有开阔的胸襟,能与不同文化背景的人进行开放有效的互动,具有跨文化交际能力。英语组通过长期的研磨教材和教学实践,探索出"听、说、读、写、译、演、辩"七能并举的课堂教学模式。

为了满足英语高水平的学生对英语课程的更高要求,为资优生提供更丰富的课程资源,学校聘请上海外国语大学教授来校授课,开设"英美历史""会议口译""文书写作"等高阶英语课程。

2018年1月,《普通高中英语课程标准》正式印发。随着新课标和教改新要求的出台,为了进一步凸显上外附中的外语特色,基于对我校学生认知能力的再认识,学校着手进行新一轮英语课程教学改革,探索中学外语教学新模式。我们在结合传统特色的基础上,对英语课程结构进行了优化:分为"中国与世界""经典选读""演讲与戏剧""语法与综合训练""英语写作"五个模块;整理与编写报刊阅读、时事政治、历史地理、英美文学名著等素材,从课程

内容到资源,全面升级英语教学的课程设置,切实培养学生的英语综合能力,进一步巩固并深化上外附中英语教学品牌特色。

自 2017 年起,学校以英语组为主导,语文、政治、历史等教研组共同参与,在初中和高中学段研究开设"英语话中华(初中版)"和"英语话中华(高中班)"课程,与英语教育教学研究基地前期开发的"英语话中华(小学版)"和"英语话中华(大学版)"衔接起来,形成覆盖小学到大学本科的英语中国文化"一条龙"课程体系,把经典的中国传统文化与英语教学结合起来,使学生能够站在国际的视野来理解中华文化,推进课程改革,为培养能够参与全球治理的外语人才和国家未来发展需要的国际性人才打下坚实的基础。

首先,对于学生而言,在读书期间,最难以忘怀的方面应该有两个:其一是老师、同伴、朋友,他们支持和陪伴自己的成长;其二是接受的教育,也就是学校的课程和教学方式,这是学校教育的核心元素。相比较整体性、宏观性的课程,学生或许对于教师的教学更加容易保留深刻的印象,而学科教学的变革更会深刻影响其成长。

以上外附中马泓萱同学为例,她在上外附中读了七年书,2022 年被清华大学录取。回忆起上外附中的七年生活,她的内心充满感慨:

附中七年的时光,我逐渐从曾经稚嫩的模样蜕变成自信而大方的准大学生。附中最吸引我的特点便是开放与包容。在课堂课余,大家都能畅所欲言,各抒己见,甚至展开激烈的辩论。老师也鼓励我们积极开口表达以展示自我,期待同学们在思考中碰撞出智慧的火花。附中重视对学生核心素养的培育,同学们在汲取知识的同时,更不忘通过校园活动陶冶情操。附中有国际文化节、民族魂等大型活动,由学生们参与或是自主组织策划。我也受益于这些经历,从而培养了较好的领导能力和团队合作能力,在团体类活动中毫不怯场。

近年来,附中越来越注重学生理科能力的培养。只要你有一定的基础并且有深入学习的意愿,你便可以加入理科拓展班提升自我。我也在校内选修了数学和信息两门学科的拓展班,满足自己对理科学习的热爱。通过每周的竞赛课程和自己高效的练习,我在数学高联和信息奥赛中都取得了不错的成绩。附中的学习压力并不算太大,因此更有利于时间管理能力的培养。利用好碎片化时间,注重劳逸结合,兼顾课内课外学习与活动,这些都会为你将来步入大学打下良好的基础,更加轻松自如地适应中学生到大学生的身份转变。

从马泓萱同学的回忆中,我们能感受到,上外附中的教学不仅能够帮助学生夯实学科基础,更为重要的是能够引导学生自主思考和探究,能够激发和释放学生的潜力,为学生实现个性成长提供支持。脱离知识的泥淖和"题海"的局限,通过高质量教学支持学生高水平发展,这是印刻在上外附中每一位教师内心的"座右铭"。

在上外附中,每年有百余名学生申请欧美等地的世界名校,仅 2014 至 2018年四届学生中,就有 500 余名学生被哈佛大学、耶鲁大学、斯坦福大学、芝加哥大学、哥伦比亚大学、宾夕法尼亚大学、康奈尔大学等世界顶级综合性大学录取。每年出国学生中,约有 70%,即 100 余名学生进入 TOP30 的世界知名综合性大学和 TOP10 的世界知名文理学院。与此同时,每年也有近百名学生通过保送进入全国各地一流大学继续深造,包括北京大学、清华大学、复旦大学、上海交通大学、南京大学、浙江大学、北京外国语大学、上海外国语大学等国内知名学府。此外,学校每年有 30—50 名学生参加国内秋季高考,其中每年参加高考的学生中有 90% 被清华大学、复旦大学、上海交通大学、同济大学等国内一流院校录取。高质量的人才培养背后,必定有高水平的教学支撑,总结教学经验,解码教学变革的规律和基因,不仅对于上外附中的持续发展意义重大,也是上外附中承担更多的社会责任,为区域教育优质均衡发展助力的必然选择。

其次,对于学校而言,教学的改革创新是一个前后相继的历史过程,如何在"不折腾"的前提下做到与时俱进,考验着每一所学校的教学领导智慧。教学领导是学校领导力和校长领导力研究的一个重要领域,但是其关注的重心在不断变化。在 20 世纪八九十年代,教学领导研究关注的主要是校长作为领导者,其个体的行为或者特征如何能够影响学校课程教学领域的整体改进。

但是随着教育改革的深入,特别是课程领域权力共享的命题提出后,当下尽管依然强调校长对于学校整体课程建设和教学改革事务的引领价值,但是对于学校教学领导的主体问题和方式问题已经有了很多不同于以往的新特征和新内涵。这种变化的一个重要价值导向就是认可教师和学生的教学主体价值,倡导多元角色共同参与教学领导事务。

大量研究认为,教学领导是校长的核心领导力。从概念上说,教学领导力是指校长提出教学愿景、引领教学变革、促进师生发展的综合影响力[①],是一个涵盖教学价值观塑造、教学目标设计、教学问题察觉与纠正、教学组织与实施、教学质量评价与改进、教学管理与保障等多种能力的集合。这种教学领导力彰显的前提是校长自身对教学改革问题的细致思考和科学把握。而任何学科、课程的教学改革,都不是对原有课程教学的彻底推倒重来,都要根据循序渐进的变革原则进行设计和实施,其中特别需要把握的问题有两个。其一,要尊重学校的课程教学历史。从某种意义上说,学校的存在形式不仅是物理的,而且是人文的,每个学校都有自己独特的办学历史、课程特色和教学优势,推动教学改革的过程中要注重发扬优秀传统,增强学校在课程和教学中的原有优势,让课程教学体现出历史逻辑上的前后相继和创新。其二,要紧跟教育改革发展的趋势。新的教育时代孕育新的教育理念,学校教学改革的核心任务就是把这些新的理念和要求落实到教学过程之中。因此,校长要通过学习型组织的设计引领教师在准确把握新教育、新课程、新教学理念的基础上推动教学改革,只有如此,才能保障教学改革方向和价值的正确性。正是基于上述思考,上外附中的教学改革,围绕具有国际胜任力的预备英才培养导向,一方面,深耕外语教学,发挥学校在中学外语教学领域的整体影响力;另一方面,紧跟课程教学改革的整体趋势,将信息技术与教学的融合、课程思政、基于课程标准的教学等理念有效落实,走出了一条既具有学校特色又紧跟时代发展的教学改革之路。

---

① 郑金洲.校长教学领导力初探[J].河北师范大学学报(教育科学版),2012,14(11):42-45.

二、研究与实践：小语种教学的有效探索

小语种教学既是语言类中学的特色和优势所在，也是语言类中学主动对接国家战略，积极培养服务国家开放发展需要的高素质人才的抓手。对于我们国家而言，伴随着"一带一路"倡议等国家层面政策方针的提出，小语种人才的培养问题日渐受到重视。为有效推动"一带一路"等国家倡议和重大战略，语言互通是一个基础性的工作。因为"一带一路"倡议涉及的国家和地区众多，其中既有通用语种国家，也有大量的小语种国家。从这个角度出发，积极开展小语种教学的研究与实践，培养高质量的小语种人才，不仅是学校彰显外语特色，打造独特的外语课程教学体系的需要，也是学校主动服务国家战略的必然选择，具有重要的政治、经济和社会价值。

在新的经济发展和社会变革背景下，我国的外语教学面临着新的问题和挑战，传统的人才培养和外语教学模式已经不能完全适应国家政治、经济、文化发展的需求，特别是对于小语种人才的培养，由于可借鉴的样本和经验有限，更加迫切需要在培养理念和教学方法层面不断创新。小语种人才的培养不是高等教育的"独宠"。放眼全球，在中小学这一人生价值观形成的重要阶段实施多语种教育，已经成为很多国家人才培养的共性选择。比如，德国从小学阶段就注重开设多种外语课程，让学生在不同语言和文化的浸润中涵养人文情怀，拓展国际视野。从我国的情况看，教育部颁布的《普通高中课程方案和语文等学科课程标准》，新增了德语、法语和西班牙语等语种，并分别发布了课程标准，这充分体现了国家层面对于小语种人才培养的迫切需求，体现了在新时代教育体系中小语种教学的独特价值。在这样一种整体背景下，有效推进中学阶段的小语种教学改革创新，显然就有了更为现实的必要性了。

按照周恩来总理"多语种、高质量、一条龙"的外语教育九字方针要求，上外附中自创办之初即开展多语种教学，至今已有近 60 年的多语种教学历史。目前，学校授课语种已达 10 个，是目前全国唯一一所同时拥有英语、德语、法

语、日语、俄语、西班牙语共 6 个语种专任教师的外国语学校,并即将增加阿拉伯语、意大利语、葡萄牙语,扩充到 9 个语种专任教师。

上外附中对于小语种人才培养和小语种教学改革的探索是一个系统性的历史过程,主要经历了三个阶段,每一个阶段的探索,都能够始终坚持将语言学习的规律与当时社会发展需要的外语人才标准相结合,提升小语种人才培养的有效性。从 1963 年学校创立至改革开放前,学校采用"多语种教学、单语种人才培养"的模式,至 1978 年,已经开设英语、德语、法语等共 6 个语种外语课程,但是学生按照主修一门外语的单语种人才模式培养。改革开放后,为了对接国家发展、顺应时代要求,学校进入"多语种教学、复语种人才培养"的阶段,从最开始的"一主一辅"培养模式(一门主修语种加一门辅修语种),发展到"一主两辅",再到"双外语"模式(两门主修语种)。从 2019 年开始,为了培养"一带一路"语种人才,学校增设"一带一路班",增加了阿拉伯语、希伯来语、意大利语和葡萄牙语的辅修。目前,在保留"双外语班"模式和"一带一路班"模式的基础上,又根据学生的需要增设了"英语+选修二外"模式。采用"主修+选修"的培养方式,学生在主修英语的基础上,根据个人兴趣选修一门小语种。

学校目前共有 25 名小语种专任教师,其中德语 6 人、法语 7 人、日语 6 人、俄语 3 人、西班牙语 3 人。72% 的小语种教师具有研究生学历,毕业于上海外国语大学、北京外国语大学、华东师范大学、同济大学等小语种专业。其中三分之一的教师拥有高级职称,一半以上的教师拥有中级职称。德语、法语和俄语专任教师是教育部组织的 2017 年版普通高中课程标准专家组成员,多位教师参加小语种新课标中学系列教材的编写和审阅工作。在聘请上海外国语大学专任教师担任"一带一路"语种授课教师的同时,学校还专门招聘了阿拉伯语、意大利语和葡萄牙语专任教师各一名,进一步强化小语种师资配备。

经过近 60 年的发展,学校逐渐摸索形成了小语种人才培养的一些特色做法和经验,主要包括以下几方面。

（一）为学生提供多样化的语言学习机会和个性化的生涯发展路径

我们深刻认识到，进入新发展阶段，高质量成为党和国家各项事业发展的主题，对外语人才培养提出了更高的要求。多样化和个性化是高质量外语教育的应有之义。尽管人、财、物投入巨大，学校仍然坚持"三种模式"并行的小语种人才培养方式，实现国家战略需求与学生兴趣能力的"双向匹配"，更好地落实立德树人根本任务。

一方面，学校牢固树立"中学国家队"意识，对接国家战略需求，扎实做好10个语种的外语人才培养和储备工作，坚持"充足保障"和"充分保障"两项原则。一是课时"充足保障"。在课时安排空前紧张的情况下，仍坚持为小语种教学安排每周7—8节的课时，以保证外语能力培养的高水准。二是语种"充分保障"。充分利用上海外国语大学的教学和教师资源，学生只要有兴趣，就能够充分享有多达10个语种的多样化语言学习机会，并且学校可以根据学生意愿，进一步增加授课语言数量。

另一方面，充分考虑学生兴趣和能力，提供差异化、个性化的生涯发展路径。三种培养模式匹配不同基础条件、学习能力和兴趣意愿的学生，也为学生今后的发展提供了不同的路径。

（二）不断加强小语种师资队伍建设

师资建设是提升小语种教学质量和人才培养质量的治本之策。上外附中着重从三个维度入手，不断提升小语种教学的师资队伍整体建设水平：一是为5个小语种学科单独设立教研组，以营造和保护小语种教研组独特的教研文化氛围，为5个小语种齐头并进、持续发展提供了基础保障；二是为小语种教师的学历提升、国内外培训进修等提供政策上和经济上的充分保障，全力支持小语种教师发展；三是充分利用上海外国语大学的师资优势，主动加强学校小语种教师队伍与上外相关语言专业教师和资源的对接交流，通过结对帮扶、学习交流、专业对话等方式，让小语种教师能够始终与该语种课程教学改革的前沿思想接触，确保专业素养的提升。

不仅如此，针对学校小语种教师人数少的特点，学校还充分利用高中新课程改革更加重视小语种教学的有利政策背景,加大对小语种教学的扶持力度,让小语种教师能够在更多的舞台上展示自我,提升其校园生活的获得感和幸福感,让小语种教学的专业发展和队伍建设有更多的生机与活力。

(三)营造校园小语种学习氛围

一是外事活动搭建实践平台。作为外国语学校,学校学生有机会参加各种重要的外事接待活动。学校始终坚持把外事接待活动作为课堂教学的延伸,让学生成为各级各类外事接待活动中的主角,在外事实践活动中培养学生跨文化沟通能力、得体应对各类突发事件的能力,在实践中为学生打下小语种外语外交人才的底色。

二是校园活动营造多语种氛围。学校通过一年一度的国际文化节、多语社团、模拟联合国等活动,在整个校园营造多语种文化氛围,提升学生学习语言的积极性和好奇心。

(四)充分发挥附属中学的体制优势

作为上海外国语大学的附属中学,学校充分把体制优势转化为办学优势,积极引入大学的教学资源、师资力量和教学方法等,提升学校办学能力和办学水平。上海外国语大学的领导和相关外语院系非常重视中学与大学的衔接,根据学校的发展需要提供及时的支持、指导和帮助。

党和国家一直重视外语人才的"一条龙"培养。周恩来总理高度重视基础教育阶段的外语教育,指示外语教育要从小抓起。正是有了周恩来总理关于外语教育"多语种、高质量、一条龙"的九字方针,全国各地的外国语学校才陆续建立。

进入新时代,伴随中国走上世界舞台的中央,广泛而深入地参与全球治理,国家对高层次外语人才的需求前所未有,更加重视小语种人才在中学的培养,并采取了一系列举措:高校招生中逐渐取消了对招收小语种外语考生的限制;教育部在 2017 年底推出了德、法、西 3 个语种的普通高中课程标准;上海市也从 2019 年起设立了市级小语种教研员岗位。作为坚持小语种人才培养近 60 年的外国语学校,我们非常欣喜地感受到小语种的春天即将到来。

　　但是,在小语种教学和小语种人才培养的实践中,外语教育和外语人才培养的结构性问题愈益凸显:从国家层面来看,国家对高质量外语人才的需求与现有外语人才的供给存在脱节现象;从中学外语教育层面来看,中学对外语人才,特别是小语种人才的培养,与学生今后的生涯发展存在脱节。"学非所用"的现象困扰小语种学生的发展,并造成家长和学生对小语种学习"学而无用"的焦虑和担心。而造成这一问题的主要原因是目前我国外语人才培养路径比较单一,导致大学、中学外语人才培养脱节、衔接不畅。也就是说,外语人才"一条龙"培养的内涵需要进一步深化。

　　基于单纯外语人才或者是外语翻译人才的"一条龙"培养路径已经不能适应新时代的发展,外语人才培养应该走"复合型一条龙"培养新路径。习近平总书记对于新时代参与全球治理人才培养的重要指示,特别是其中"熟悉党和国家方针政策,了解我国国情,具有全球视野,熟练运用外语,通晓国际规则,精通国际谈判"等层面的具体要求,为新时代外语人才培养指明了方向。这也就意味着未来的外语人才需要走复合型、交叉型人才培养的路径,这实际上为后续小语种教学改革和外语人才培养理念、路径的创新提供了新的方向。

第二节　深化技术赋能,推进信息时代的融合教学

　　进入新世纪以来,信息技术的广泛运用深刻改变了人们的生产、生活和思维方式,也对教育的变革与发展带来了新的机遇和挑战。从实践的角度看,从某种意义上可以认为,人类教育的沿革历史很大程度上体现为技术的发展史。但是,很多时候,教育技术的变革往往比较缓慢和落后,以至于传统的面对面讲授为主的教学方式依然是当下教学的主要样态,技术的介入在很长时间内都没有产生明显的变化和效能。但是这种状况自20世纪90年代后

期信息技术的快速发展以来得到了彻底性的改观,作为一种独特的"技术",信息技术与教育改革发展之紧密,促进教育变革成效之显著,信息技术赋能教育整体变革任务之迫切,可以说都是前所未有的。探讨应对信息时代的教育教学变革之道已经是摆在我们面前无法回避的重要命题。

一、理念重塑: 对信息时代教育发展趋势的分析

信息技术对于教育发展的影响将会是革命性的,其中显性的是教育技术和手段的信息化变革,隐性的则是信息时代人才培养理念、目标的重构以及整个教育产业链流程的重塑,这也就是大量学者研究的"第三次教育革命"。

第三次教育革命将突破时空限制,以个性化、协作化为特征,培养基础性的数字化的劳动者、创造性的研发者、生物圈的管理者和优秀的服务者。教育组织将以分散式、数字化、网络化、远程化、家庭化、个性化等多元化形式出现,不再是简单的知识传授,注重从学历转向学力、能力的培养,实施分散式、翻转式的个性化教育,教师与学生将是平等的互助者、学习伙伴。网络教育、游戏化学习、虚拟社区与现实课堂有机结合的新型教育模式不断涌现,最终促成终身学习体系和学习型社会的形成。[①]

信息时代的教育变革问题已经引起了全社会的重视。2020 年 9 月 15 日,经济合作和发展组织发布了《回到教育的未来: 经合组织关于学校教育的四种图景》报告,明确提出"学校教育扩展、教育外包、学校作为学习中心和无边界学习"是未来学校教育的四种图景。其中"学校教育扩展"意味着尽管信息技术的进步、国际合作的加剧等会在很大程度上影响未来学校教育的样态,但是学校教育依然是未来教育体系的重要内容,学生参与学校教育、正规教育的规模会持续扩大,学校教育在未来社会并不会消失;"教育外包"意味着学校教育与校外其他的教育元素、资源、主体等的交往互动会不断增加,社

---

① 周洪宇,鲍成中.论第三次教育革命的基本特征及其影响[J].中国教育学刊,2017(03): 24 - 28.

会因素会更多地更直接地参与到学校教育、公民教育中来,传统的单一的学校教育体系受到挑战,多主体协同育人成为一种必然的趋势。在此过程中,学生的学习将以一种更加多样化、私人化和灵活的方式开展,数字技术的推动和促进是一个关键要素;"学校作为学习的中心"意味着在未来教育体系和学生的学习系统中,学校依然是一个必须要存在的重要元素,学校需要对学生的学习和全面发展提供必要的支持;"无边界学习"意味着未来时代的学习,在时间、空间、手段上的限制将会被逐渐打破,特别是信息技术的运用将在很大程度上拓展学生的学习时空,随时学习、随地学习、人人学习的场景将会是未来学习的常态。[①]

上述四个方面的图景,宏观上描绘了未来 20 年学校教育改革发展的整体样态,也充分表明了信息技术对学校教育渗透力度之大,影响之深。从这个角度出发,思考信息时代的教育变革与发展需求,已经成为迫在眉睫的重要命题。在这样的背景下,学界开始关注教育将来的可能存在状态,"未来学校"逐渐成为教育研究的重要领域。"未来学校"具有三个维度的主要特征。第一,未来学校是时空环境不断拓展的学校。由于信息技术的广泛运用,未来学校将不再单纯地表现为封闭空间下的静态教学,固定班级、固定课表的传统教学组织形式面临重组的可能,虚拟与现实的结合、人机环境的融合以及静态与动态的结合将大大拓展未来学校的存在形态。第二,未来学校是培养未来人才的学校。不论是当下的学校,还是未来的学校,育人始终都是其核心问题和存在的核心价值。未来学校要培养适应未来社会的新型人才,这种人才指向学习者的德性、知识性、主体性、智能性以及高阶思维性的发展,为此,学校将更多地采用项目化学习的方式为学生提供指向问题情境的个性化教育。第三,未来学校是以信息技术为支撑的学校。未来学校的建设与发展需要基于学校教育的发展核心创新使用人工智能技术,信息技术成为教学的重要支撑,信息素养成为教师和学生的必备素养。这些理解和判断,实际

[①] 经济合作与发展组织编.回到教育的未来:OECD 关于学校教育的四种图景[M].窦卫霖,张悦晨,王淑琦,译.上海教育出版社,2022:53-78.

上是我们对未来教育变革的基本认知,这些认知能够为我们推进信息时代的课程教学变革提供一个整体的引领。

二、策略应对:对线上线下融合教学模式的探索

我是一个在教育工作战线上"摸爬滚打"多年的"老同志"了,可以说,在我的教育生涯中前后经历了多轮教育教学变革,也感受到了因为教育理念、技术等的革新对于教育实践活动的创新价值。但是对于信息技术时代的教学改革,我一直是有些心存芥蒂的,因为在我看来,传统教学的优势即使放在当下的教育环境中,也是能够发挥积极作用的。实际上就此问题,我也多次同教师们进行过交流,一方面,教师们普遍担心技术的过多介入会扰乱他们已经习惯的教学流程,不仅会给他们带来额外的负担,同时也难以保障教学过程的顺利进行;另一方面,教师们普遍感受到上外附中作为一所优质中学,现有的教学模式是完全能够适应当下的人才培养需要的。从某种程度上说,就信息技术的运用而言,我和教师们是达成了某种共识的。也正是因为如此,尽管我们有信息技术领域的课程,也大面积推广了PPT、微课、视频资源运用等,让信息技术的优势在一定程度上渗透至学校原有的课程教学体系中,但从整体上看,信息技术只是承担了一种教学辅助的功能,对借助信息技术的教学变革的系统性探索并没有真正展开。

但是,谁都没有想到,这样的一种状态会因为一场突如其来的新冠肺炎疫情而被打破。

在2020岁末年初,新型冠状病毒引发的肺炎席卷整个世界,给人们的身心健康带来重大影响的同时,也打断了正常的教学秩序。根据习近平总书记关于坚决打赢新冠肺炎防控阻击战的重要指示精神和教育部"停课不停学"的工作安排,各地教育部门和中小学校带领广大教师开展了一场史无前例的大规模在线教育实验,取得了积极成效。作为一所基层学校,上外附中在致敬抗疫英雄、企盼国泰民安的同时,也在努力思考在这样急剧变化的时代如何有效应对疫情的挑战,既能够通过合理的设计,确保疫情期间线上教学的

有效开展,也能够转"危机"为"时机",让教师充分体验信息技术与传统教学有效结合的必要性。

面对新冠疫情,学校根据上海市最新疫情防控工作部署和要求,成立在线教学工作领导小组,结合学校实际情况制定了《上外附中疫情防控期间在线教学实施方案》。从学生实际学习需求和学校教学要求出发,全校教师以线上授课为主,上海市中小学"空中课堂"为辅,借助 Classin、腾讯会议平台,通过备课组集体备课的方式,开展在线直播授课、讨论、答疑、作业布置与反馈等教育教学服务,确保线上教学质量,以满足学生学习需求。为了有效推进疫情期间的线上教学,学校制定出台并严格执行了多项扎实有效的举措。

学校成立了技术支持团队,分年级给予教师教学培训与技术支持,通过直播培训、操作演练、个性化点对点辅导、设立线上答疑群等方式,确保线上教学有序开展。

学校参照市教委《中小学在线教学时间安排表》模板,制定校本化课表,完成线上建班建课,共设置开设近 300 个课程班级,包括行政班(必修课型)与走班课型;保留外语语种小班授课,以及二外选择性必修课程。

学校高度重视线上教学的教研、集体备课等工作。课程中心制定《线上教学教师规范》;组建工作专班,对口安排教研组和各年级组教育教学负责人,通过教案抽查、作业抽查、实时巡课、家长和学生问卷调查等形式实施在线教学监督管理;要求教师精心设计符合线上教学要求的作业,同时保留课前演讲、外语课背诵课文等学校线下教学的常规特色做法。

学校通过听课、巡课为线上教学提供监督保障。课程中心对口分管各教研组的副主任和教研组正副组长组成联合听课小组,深入线上教学第一线开展听课、评课活动;校领导和课程中心对全校线上教学进行网上巡课。

学校注重加强对特殊学生群体的线上教育教学。面对中、高考学生,充分利用全市空中课堂及名师面对面教学资源、组建师生微信答疑群,及时答疑解惑,提升复习备考效率;为满足国际部学生和高三保送出国学生多样化、个性化需求,开设各类国际课程和校本选修及大学、中学衔接课程;关爱密接与次密接学生,根据他们的实际情况开展特殊化的教育教学安排,使他们在管控期间学习不落下、心理不焦虑。学生发展中心负责制定学生线上学习要求,规范学生线上学习纪律、居家学习方式,保证线上学习效果。

学校注重将五育并举的精神落实到线上教学的实践之中。学校在课前安排升旗仪式、课间安排眼保健操和自编课间操,并安排专人进行巡查;通过体育课、艺术课、劳技课、心理课,帮助居家学生增强体质、放松身心,特别是体育课后,要求学生上传各类身体锻炼的视频,每周打卡三次,确保停课不停锻炼。与此同时,为顺利开展在线教学,后勤保障中心为教师采购必要的在线教学设备和服务提供便利,为学校在线教学资源的制作提供有力保障。

在线上教学期间,学校在关注师生的身心健康状态和线上教学的有效运行之外,思考更多的是这场疫情"危机"到底能够给我们的教育带来怎样的启示。

"危机"一词出自三国时期魏国吕安所著《与嵇茂齐书》,书中曰"常恐风波潜骇,危机密发",其意思可以被解读为:既有危险又有机会的时刻。作为一种社会活动,教育与危机亦有着天然的内在联系,甚至可以认为,每一个重大的教育变革都是在对教育领域危险情境的分析研判中把握机会并寻求突破,最终促进教育事业的不断向前。然而,纵观近年来的教育研究,对"危机"的分析有了一个重大的范式转型,即更多地思考教育活动内部因为理念和行为的滞后导致的人为性危机,如教育自主性的丧失、求真求善的失落、教育的外在化与热爱的迷失等。[1] 但是,这种看法在一定程度上忽视了教育活动总是发生在一定的自然环境和社会环境之中,教育与外部环境的互动,或者说教育受到外部环境刺激的敏感性要比内部理念与行为的刺激更加直接和迅速。因此,当外部环境出现危机的时候,我们应该首先审视其对教育可能引发的不利影响和可能蕴含的变革契机。

---

[1] 高德胜.表现的学校与教育的危机[J].华东师范大学学报(教育科学版),2019,37(06):16－26.

对于教师而言,在教育的"危机"中把握成长的"契机"是其专业智慧、专业自觉的重要体现。新冠疫情使举国上下陷入一场"没有硝烟的战争",也给教育活动带来了很大的不利影响,师生无法按时返校,原有的面对面为主的、以班级为单位的教学模式被打破,信息技术的运用成为教学活动开展的关键甚至唯一载体。在这样的情况下,很多师生感到焦虑、痛苦,甚至产生对"停课不停学"的厌烦情绪。而凡事都具有两面性,新冠疫情在给正常的教育教学秩序带来不利影响的同时,也在客观上给予了教师切实体验线上教学价值更多的机会。信息技术的快速发展,重构教育的样貌已经是必然中的必然,而让教师以一种积极的心态参与到线上教学的改革之中,则有助于他们更好地改变对信息技术之于教育教学的态度,从而让他们更主动地建构适应未来教育的素养体系。

基于这样的认识,上外附中在疫情期间的日常管理中非常注重引导教师克服心理和技术障碍,以积极的心态拥抱线上教学,以主动的作为探索线上教学的有效方法。总体来看,我们的教师能够根据教学需要和学科特征,积极探索有效的线上教学策略。下面这个案例是疫情期间俄语班初一年级冯老师的线上教学设计,集中体现了教师对于线上教学的独特理解和设计,也彰显了这一过程中教师的反思和成长。

基于 Classin 平台的初一俄语教学设计与反思(节选)

——以"我的日常购物"一课为例

导入环节:

在课堂导入环节,我采用了师生问答的形式,请学生根据 PPT 的插画提示,快速用完整句说出列娜(我的俄语名)喜欢买什么,以此巩固在本单元之前课时中所学的高频词组"购买＋名词 4 格",并在熟练掌握旧知识的基础上学习同根词构成的同义新表达,也是本课的关键词组"делать покупки(进行购物)"。在理解这一新表达的基础上,结合 PPT 图片的提示,我介绍了本课阅读材料的主人公——在莫斯科做交换生的宋达,引入了本课核心语篇的主题"宋达在莫斯科的日常购物"。

在这一环节中,我认为值得分享的经验是:线上教学由于缺乏临场感,学生注意力容易分散,因此有必要精心设计导入环节,让学生尽快提起兴趣、进入学习状态。以快速问答的方式复习上节课所学重点知识是效果较好的语言热身方式,而辅以生动的画面会让这一环节更有趣味,也能综合调动学生的视听感觉。在 PPT 设计和配图上,我使用了 Canvas 网页版,在这个平台按照主题搜图、配图非常方便,能够满足我们美化课件、统一图案画风的需求,我认为对提升线上教学效果很有益处。

课堂教学环节:

按照学习理解、应用实践、迁移创新的设计思路,围绕文本,我设计并实施了三个主要课堂活动的教学。

在第一个环节——阅读前活动中,我首先用 PPT 直观呈现了旧知识"购买(动词)"与导入环节新引入的词组"购物行为(名词)"存在同根词关系,通过将共同的词根标红,请同学观察同根词的形态特点,并在此基础上速读课文,找到教师给出的 4 个句子中,括号里的词对应的同根词,并以其正确形式填空完成句子。在学生分享自己的答案时,我在 PPT 中利用动画逐个呈现出了对 4 组同根词的总结,同时对正确说出答案的同学用 Classin 小奖杯功能进行了奖励。

在这一活动中,学生提高了观察语法现象并从中提炼规律的能力,通过在课文中找出同根词并得到教师反馈,他们得以及时在实践中验证刚刚提炼出来的规律,巩固对同根词形态特征的理解。同时,速读课文让学生对文本有了一个大致的了解,为接下来的阅读活动做好了准备。

在这一环节中,我巧用 Classin 的小奖杯机制,激发学生的学习积极性。点亮头像下的小奖杯不需要花费多少课堂时间,却能以有趣的特效实时实现奖励效果,而且在课程结束后还能看到每位学生的奖杯数量,能够有效地起到引发竞争、激励学生的作用。

在第二个环节——阅读中活动里,我把课文中颇为零散的信息整合为两条线索,一是宋达和友人们曾何时在何处购物,二是宋达在莫斯科日常喜欢去哪里购物及其原因。两条线索对应的语言表达是由浅入深的,因此我安排了两个阅读任务:第一个任务聚焦于词组,用于厘清课文中的"时间、地点、人物、行动";第二个任务要求学生在词组基础上进行调整和转换,形成完整的句子,以此服务于新语言知识的输出,让学生以其为依托,学会用俄语简单讲述自己的日常购物经验。

在第一个任务中,学生再次阅读文本,定位并提取关键信息,完成PPT中呈现的表格。由于这篇课文是十分日常的两个男孩子之间的通信,所以结构并不严谨,文本篇幅也不算短,对于初中生来说,要快速正确抓取其中所有的有效信息比较困难。因此,我设计了一个按照时间顺序排布、提供了部分信息的表格,帮助学生将本来散落在文本各处的重要信息重新梳理整合到一起,为把握课文主线提供了思路支持。

完成表格后,同学们用完整句分享了自己形成的表格信息,讲述了"宋达和他的朋友们曾何时在何处购物"。我及时进行了评价和个别语法纠错,将正确形式写在了板书上,同时利用动画在PPT上呈现了相应表格信息,还对积极回答问题的同学用Classin小奖杯功能进行了奖励。

接下来,我通过让大家提取出表格里和宋达有关的信息,引入了第二个阅读任务。我使用随机分组功能让10位同学结成了5个2人小组,每小组按照贴在Classin黑板上的3张任务卡提示,定位课文相关段落,将原文的关键信息进行摘取和调整,补完任务卡上的转述语段。在小组讨论过程中,我使用了加入小组功能,进行了监督和帮助。小组讨论结束后,随机抽取的3位小组发言人分享了讨论成果,完成了任务卡。我及时进行了评价和纠错,利用动画在PPT上呈现相应任务卡的完整信息,并对积极回答问题的同学用Classin小奖杯功能进行奖励。相比于前一个任务,这个任务对于语言知识和能力的要求又进了一步,着重锻炼了学生提取关键信息并根据具体语境进行调整和转述的能力,同时通过小组合作,锻炼了学生的合作学习能力。

在这一环节中,我以完成表格的形式帮助学生学会从琐碎的信息中理清思路,是一种有效的思维支持;以任务卡填空形成语段的形式引导学生提取并转化文本信息,形成符合语境、有条理的陈述,是一种有效的语言支持。而这些材料都可以以图片/截屏形式在备课时放在可滚动的 Classin 黑板上,在需要使用时调用出来,非常方便。

Classin 提供的随机分组功能和配套的进入小组、旁听小组、将主屏幕音画同步到小组的功能能够很好地模拟线下授课的情景。但美中不足的是学生在讨论时如果同时开麦,经常会有回音问题,而如果每个同学在说每句话前才开麦,又会导致节奏慢、时间紧张。应该要求有条件的同学都使用耳麦设备上课,这样才能够实现课堂讨论效果的最优化。

最后一个课堂主体环节是阅读后环节——将课文语料输出为自己的叙述。在这一环节中,学生们将从文本中提炼出来的内容和表达迁移到了实际生活之中,他们模仿刚刚总结的 3 张任务卡,就"自己在上海日常喜欢去哪里购物,为什么"进行了陈述。在这个环节中我通过 PPT 呈现图片和对应俄语名称,给出了同学们都很熟悉的几个商店名称,如学校附近的虹口龙之梦、全家便利店等,以此降低了学生完成任务的难度。同学们讲述时,我及时进行了评价、纠错和思路提示,把纠错内容整理在板书上,并对口头表达优秀的同学用 Classin 小奖杯功能进行了奖励。

在这一环节中,我认为值得分享的经验是:面对低年级的学生,给出的任务指令越清晰、越具体,就越能达到检验的目的,学生们也不会因为突然想不起来上海有哪些商店而感到手足无措,影响重点内容的输出。因此,在备课时准备足够的语言支持材料,能够起到提高课堂效率的作用。

总结与作业布置环节:

在这一环节中,我在课程最后以大纲形式总结所学内容,能够让在一节课的紧张学习后已经略感疲惫的学生的脑海中形成一个清晰的思路,能够让学生及时回忆新知,并在回顾已完成的任务时感受到学习的获得感。

结合"双减"要求,作业应该是课堂的自然延伸,作业量不应过大,作业形式应该灵活、丰富。在本次作业中,学生只需在认真听课的基础上,用所学内容稍加整理,就能够很顺利地完成书面作业,从而将课堂内容真正内化为自己的东西。

而另外一项口头作业是能够进一步提高俄语核心素养的选做型分层作业,将思考和口头表达相结合,能够调动起学生用俄语表达观点的积极性,锻炼学生观察生活、查找资料、思考分析和语言表达的综合能力。第二天在课堂上进行分享和讨论,则能够检验这项选做作业的完成情况,给有余力进一步提高的同学以语言反馈。

上述案例较为完整展现了上外附中教师在疫情期间运用信息化技术变革传统教学的情况,其中既有教学过程的展现,也有对这种新型教学模式的反思。在本节课的线上教学中,教师根据课程标准发展外语核心素养的要求,立足单元教学目标、教材设计和本班学情,结合 Classin 平台的特点进行了教学设计,做到了以学生为中心,以主题活动为主线,以语篇和情境为载体,将活动教学、合作学习和探究学习相结合,引导学生在语言感知、体验、理解和表达中提升核心素养。另外,对于课堂活动的逻辑主线和各环节之间的衔接,教师也进行了细致的思考和设计,做到了通过重新梳理和延展教材文本,引导学生思路清晰、循序渐进地实现语言输入和输出。

作为校长,我认为,类似这样的案例,提供给我们的是一种可供继续思考和挖掘的现象,要从这些现象中去思考更深层次的问题:其一,从这种改革的初衷看,尽管教师进行了信息技术与教学的融合尝试,但是这种尝试,更多的是因为疫情暴发而不得不进行的,教师自身对于信息技术之于教学的强大功能和价值的认知并没有真正建立起来,如何帮助教师形成匹配信息时代发展的新型教学观念和思维,需要学校进行相应的探索;其二,从这种教学设计和实施的过程看,尽管信息技术的运用比较流畅,课堂教学的目标也基本能够实现,但是,就信息技术与教学的深度融合而言,其需要的是教师信息化教学技术的系统性提升,需要教师的数据收集、分析和应用能力作为保障,因此,教师仅仅能够借助信息技术来把教学过程顺利实施下来,是远远不够的;其三,从长远的发展看,信息技术与教学的深度融合是不可逆转的历史潮流,但是,信息技术下的教学有其自身优势,也有一些需要破解的问题,比如,如何在信息化条件下的教学中开展有效的互动,如何体现信息化教学环境中的教育情感,如何实施有效的评价,如何保障信息技术环境下的教学与线下面对面教学在质量上的等同,这一系列问题实际上都需要进行针对性的设计和思考。从这个角度出发,学校推进信息技术支撑的教学变革,绝不仅仅是教师依托学科教学的点状探索,而应该是教学理念和路径的系统化设计和创新。

应该说,疫情终将散去,但是疫情带来的教育思考不能够停止。对于基础教育而言,新冠疫情的出现是一个分界线,疫情过后,基础教育将进入"双线混融教学"的新时代①。这意味着教育教学的方式再也不能够回到从前,着眼于未来,线上线下融合共生的教学模式将成为学校教育的新常态,在这样的情况下,学校有必要将更多的精力投入线上线下融合教育模式的探索之中,特别是借助信息技术的优势改善教学和评价的手段,让大数据在精准分析、指导学生的过程中发挥更积极的作用,真正建构起契合信息时代发展的教学、管理和评价体系。在这些方面的工作上,上外附中依然任重道长,需要持续的探索。对于这一领域的工作,学校"十四五"规划中已经进行了部署,这将成为引领学校信息化建设和变革的重要内容。

根据上海市"十四五"规划中强调的"发掘潜质、激发兴趣、指导学习、成就价值",上外附中立足学校办学特色,以"培养国际型预备英才"为目标,以学生发展、信息技术与教育教学深度融合为工作重点,深入探索在多语种课程实施和国际理解力培养方面的信息技术应用,加快校园信息化建设。上外附中以建设信息化标杆校为契机,积极推进以"育人为本"为目标的信息化内容建设,争取到"十四五"末,学校信息化建设与管理水平符合市教委有关未来智慧学校的建设与评价标准,信息化治理、服务更加科学、便捷、高效,能密切结合各学科、各职能中心的发展需要,为教学和科研提供强有力的信息技术支持。

---

① 李政涛.基础教育的后疫情时代,是"双线混融教学"的新时代[J].中国教育学刊,2020(05):1.

其一,持续推进信息化基础设施。加快新型信息化关键基础设施建设,努力营建新型校园网络基础架构;建设高速稳定安全的校园网,推进校园有线主干网及无线网络的全面升级,互联带宽稳步增加,实现无线网在教学区和宿舍区的无死角全覆盖;逐步更新广播电视网,保障广播电视信号传输和质量的可靠性;积极探索运营商5G网络与校园网的融合,更好地满足师生对高速网络的需要;实现高传输速率、低网络延迟,满足未来AR/VR沉浸式教学、高清视频、物联网通信、智慧安防、考场巡检等大数据量传输的需要,提高信息化基础支撑能力;科学合理建设和运维各类机房与学科创新实验室。

其二,重点聚焦各中心职能部门的系统应用建设。信息技术中心作为信息化建设职能部门深度参与各业务系统建设和数据管理工作;实现全面的数据交换和共享,以技术创新驱动管理变革,致力于提高数据服务便捷性;打通各项业务流程,提高学校内部治理水平;加强数据分析,提高决策支持智能化水平;为广大师生提供便利化、数字化、智能化的学习与教学管理模式。

其三,整合上述系统建设,持续推进学校关于创建上海市教育信息化应用标杆学校的建设任务,争取在"十四五"末实现基于"国际型预备英才"的理念打造"一个赋能+两个体系"的建设目标,即以信息技术手段ICT助推"多语种课程实施"和"国际理解力培养"的智能发展;同时构建数据评价体系和课程资源体系来服务多语种课程教学和国际理解力的培养。

其四,着力提升校园"网络安全保障"工程,健全网络安全管理机制,建成系统化的网络安全保障体系,加强网络安全宣传,增强师生的网络安全意识,增强师生的实践能力和防护技能,提升师生对《网络安全法》《个人信息保护法》等法律法规的认识水平。

其五,随着信息技术在教育教学的逐步深入,坚持开展针对全体师生的系列信息化常态化培训和宣传,提升师生的信息化素养,更好地实现信息技术在教学中的顺利实践。

第三节 落实立德树人,探索课程思政的创新举措

　　教育的核心价值在于育人,培养怎样的人,怎样培养人,是贯穿教育改革的核心问题。党的十八大以来,"立德树人"作为教育的根本任务,越来越成为指引教育改革发展的核心价值向度。作为一个有着独特内在逻辑和价值要求的系统性命题,"立德树人"不仅为各级各类教育体系中人才的培养设定了基本的目标,也成为学校课程教学改革的重要价值引领。"立德树人"是一个有着内在逻辑和要求的系统,"立德"强调的是人之为人的根本,"树人"强调的是人才培养目标的全面性,将两者结合在一起,才能形成符合现代社会需求的人才培养目标体系。这一体系的内在逻辑可以概括为:"树人为本,立德为先。"教育的根本是要树人,欲树人先立德,树人要以立德为基础,而立德又会促进树人。立德树人所要培养的应该是德才兼备、和谐发展的人[①],这不仅为各级各类教育体系中人才的培养设定了基本的目标,也成为学校课程教学改革的重要价值引领。

一、系统构建:着眼教育载体,筑牢学校课程思政体系

　　在对教育立德树人的设计和追问中,课程思政是近年来颇受关注的一个重要领域。思想政治教育是学校德育的重要组成部分,也是落实立德树人教育根本任务的关键教育载体。然而,在传统的认知中,承担德育、思政教育职责的往往局限于单一的德育课程和德育教师、班主任,全员思政、全员德育的格局没有真正建构起来。近年来,随着全国高校思政工作会议、全国教育大会等重要会议的召开,以及党和国家推动思政教育改革一系列文件的制定出

---

① 刘娜,杨士泰.立德树人理念的历史渊源与内涵[J].教育评论,2014(5):141-143.

台,课程思政已经成为引领思政教育改革的重要指导思想。课程思政的理念源自高等教育,其最初的价值也是为了化解高等教育体系中思政教育效能不高的问题。但是,中学阶段的学校教育需不需要落实课程思政的理念呢?这个答案是显而易见的,中学阶段也要开展课程思政改革,充分挖掘学科和课程的立德树人价值。做出这样的判断,主要是基于三个方面的思考。

其一,从课程本身的价值而言,任何一门课程,除了课程本身的显性价值,即学科知识的传授之外,还应该有其他领域的隐性价值,也就是对学生思想、道德、情感、价值观等领域的熏陶。"课程思政"要求根据课程论的基本原理,既考虑发挥"显性课程"的作用,又强调发挥整个隐性课程的作用[①],这是对课程本身应有价值的尊重。如果课程教学仅仅固守知识传递的本体性功能,就会在很大程度上消弭课程本身应有的多维度价值,使之缺少对立德树人根本任务的积极回应和承担。

其二,从学生的思想道德养成情况看,学生良好的思想道德水平和个人修养之形成,应该是一个前后相继的过程。中学阶段是学生人生观、价值观形成的关键时期,这一时期积极有效的干预和引导对于学生思想领域的健康成长发展具有不可替代的重要作用。因此,在学生培养的过程中,不仅要建构大中小一体化的思政教育系统,也要积极发挥每一门学科和课程的思政教育价值,形成引领学生思想道德健康成长的良好支持系统。同时,课程思政的引入,也能够引发教师的立德树人意识,让教师更好地认识到自己承担的育德价值,更好地挖掘课程的思政和德育元素,这也是当今时代背景下教师更好地承担立德树人根本任务的内在要求。

其三,从学校的实际情况看,上外附中是一所外语类中学,外语学习是学校的特色。毋庸置疑,大量外国元素、文化的体验,能够在一定程度上拓展学生的视野,增强学生的综合素质。但是,与之相伴的是,在大量外国文化的渗透下,学生的思想观念之形成也更容易受其影响,如何在学习借鉴外国文化

---

① 何玉海.关于"课程思政"的本质内涵与实现路径的探索[J].思想理论教育导刊,2019(10):129-134.

的基础上培养具有爱国精神、家国情怀的现代中学生,这就更加需要课程思政的保障。从这个角度出发,不论是小学、中学还是大学,课程思政建设与改革都有其现实必要性。对于一所外语类中学而言,这种改革的需求无疑是更加迫切的。

课程思政虽然是一种新的提法,但其倡导的"大思政"理念,与教育学领域近年来一直倡导的"大德育"概念是有着内在的逻辑与价值一致性的。它们都倡导在对学生进行道德教育、思想引领的过程中,不能够仅仅依靠单一的思政教育课程、德育课程,而要充分发挥不同学科、课程的思政教育、德育元素,挖掘不同主体、活动的思政教育价值,形成一种引领学生思想领域、道德领域成长的共同合力。[①] 基于这样的认识,学校将学科德育、大思政课、课程思政等概念进行统合,让教师不至于在纷繁复杂的概念中迷失自我,帮助教师理解课程思政的内在要求和价值,使之对课程思政改革产生积极的内在认同。更为重要的是,上外附中以外语学科教学为引领,整合带动所有学科参与,100%的课程参与课程思政的变革,从而构筑起完善、有效的学校思政教育体系,为具有国际胜任力的高素质外语人才培养注入中国心、民族魂、国际眼。

二、同向同行:协同推进外语类课程的课程思政探索

任何课程都有思政教育的必要性和可能性,对于外语类课程,这种必要性和可能性更加鲜明。一直以来,对于外语和思政教育的关系,一直存在一种虽然逻辑未必正确但是却影响广泛的观点:开展外语教与学的师生,自身身处西方文化的最前沿,更容易受到西方不良意识形态的熏染,因而更加需要思政教育的有效设计和实施。我无意评论这种观点的正确与否。但从现实的情况看,长期以来中小学的外语教学主要目标一直集中于外语语言知识、文化的教与学,其目的主要是拓展学生的视野,丰富学生的外语基本知

---

① 赵继伟."课程思政":涵义、理念、问题与对策[J].湖北经济学院学报,2019,17(02):114-119.

识,并在此基础上培养学生的语言运用能力。在这样一种教学主流价值体系和操作方式中,学生的价值观塑造、思想文化领域的学习、中外优秀文化的比较分析等往往得不到足够的重视,这实际上在很大程度上消弭了外语教学应有的育人价值。由此,从新时代外语教学的改革发展看,倡导立德树人的价值使命,发挥外语教学的综合育人价值是一个重要导向,这就要求外语教学要做到知识传授和价值观引领的有机统一。特别是要注重通过语言的学习和中外文化的比较借鉴,塑造学生良好的价值观念,增强学生的本土文化认同,提高学生用外语表达中国优秀思想文化的能力,传播中国文化,讲好中国故事,树立文化自信①,这就是外语教学融入思政教育的基本价值导向。

在我看来,立德树人是教育的根本任务,外语课程应与思想政治理论课同向同行,形成协同效应,充分发挥外语课程的育人作用。学校教师在实践中将思政元素切实融入外语课程,让外语课程在成为孕育外语人才沃土的同时担负起培养具有赤忱中国心的时代新人的使命。

为使学生在学好外语的同时树立正确的世界观、人生观和价值观,上外附中通过鼓励教师参加市、区和学校组织的,以"学科德育"为主题的教研活动,通过开展师德师风培训不断提升外语教师的思想认识。特别是聚焦学校外语教育的特色和优势,引导英语和关键语种教研组分别通过开发课程和钻研教学实践,将思政元素润物细无声地融入外语课程,力争将外语课程与德育思政紧密结合,引导学生在学习吸收不同国家语言文化的同时,学习用外语传播中国传统文化,讲述中国故事。

(一)英语组通过开发课程融入思政元素

学校英语教研组开发了"中国与世界"校本课程,分别在中预和初一年级实施。中预年级课程目标:通过学习中国传统文化的精髓,培养学生传统文化素养和民族认同感,并对中西方文化进行一定联系和比较;加强学生的文化内涵、语言表达能力和思考能力。初一年级课程目标:培养学生能够用英

---

① 彭小飞.外语课程思政建设的内涵、意义与实践路径探析[J].外语电化教学,2022(04):29-33+113.

语讲好中国故事、分享中国文化,初步培养学生跨文化比较的思辨能力;通过视听说的方式,鼓励学生结合自身经历和学识,分析讨论社会上的现象。

此外,英语组还开发了英语慕课"中国文化"。"中国文化"慕课项目由英语教研组 7 位教师共同主讲,内容包括中国汉字、中国书法、中国国画、中国经典阅读、中国石窟、中国传统节日、中国古代青少年娱乐等模块。在各个板块中,主讲教师会通过视频、课件、动画等形式向学生生动传授主题相关的知识,并引导学生就课堂问题进行探究。主讲教师每周会在固定时间在线答疑,与学生共同讨论感兴趣的课题。

开发慕课的教师认为,时代的进步不仅需要文化与科技融合发展,更需要开放和包容,把国家情怀种在心间,让世界青少年读懂中国。慕课虽然时长有限,可能无法在短短几分钟内将中国绚烂的历史艺术瑰宝全面展现,但可以为学生提供一个全新的角度了解中国文化的物质与精神传承,让学生更好地读懂中国,也让世界读懂中国。

此外,开发慕课各个板块的教师需要进行许多翻译工作,比如把与主题相关的文本、背景资料和自己对于主题的理解全部翻译成英语。为了让翻译能充分表达原文的意义和内涵,教师必须首先自己内化所有有关主题的资料所要表达的确切含义;为使表达更为精确,教师们和外教老师进行了讨论和再三修改,以确保慕课中所用表达既符合中国寓言的精神、内涵,同时又使用最地道、准确无误的英语表达。而和外教老师的讨论过程,本身就是在实践"向世界讲好中国故事"。

(二)关键语种通过教学实践融入思政元素

关键语种教研组积极参与市教委教研室主办的各类以"学科德育"为主题的市级教研和公开课活动,通过研讨和磨课领悟思政课程与课程思政两者之间的区别与联系,结合新教材的引入,探讨在小语种教学中开展学科德育教育的各种可能性。

比如德语教研组曾承办上海市中学德语学科教研活动——德语学科德育案例研讨会。在教研活动中,学校注重外部专家的引领和支持,参与教研活动的高校专家分析了课标核心素养的培养在学科育人过程中的内在逻辑，结合教材编写实践，探讨了德语教学中德育渗透的各种可能性；强调在教学中教师应当把握学生认知、语言水平与德育要求之间的平衡，教学素材选取贴近学生生活、符合学生发展需要，注重学生情感因素在德育过程中的作用。学校德语教师则通过主题报告，分享将德育要素融入教学的单元设计、教学目标、活动设计和课堂评价的实践经验。在德语学科德育案例交流环节，各小组选取新教材中的德育要素，共同讨论如何将其融入教学设计，并各自派代表分享了小组在德语学科德育渗透方面的认识与经验。

在 2022 年的国际文化节关键语种公开教学展示活动中，5 位关键语种教师展现了学校学科德育融入外语课堂的成果，分别以"中国四大发明""漫步上海""中法的城市和乡村""双城记""力所能及的志愿活动"为主题展开学习和讨论，在教育教学中主动实践将学科德育融入外语课程，帮助学生充分理解当代中国，并有意愿将中国文化和当代中国发展主动介绍给外国友人。

此外，关键语种教研组还组织学生参与了市教委教研室和上海教育出版社联合开展的中共一大纪念馆《走进树德里》的多语种宣传片制作活动。

《走进树德里》是由中共一大纪念馆、上海东方宣传教育服务中心组织编写，上海教育出版社出版的全景折叠立体书。本书以中共一大召开场所树德里为重点，以上海的红色地标、石库门建筑为主角，借助精巧的建筑模型再现中国共产党创立的场景，为学校开展德育教育提供了生动的素材。

学校德语组和俄语组的师生参与了关键语种教学示范的视频拍摄，德语、俄语、意语、葡语、阿语和希语的学生参加了多语宣传片的拍摄。通过课堂教学展示以及学生的自主探究学习，展示了《走进树德里》在中小学多语课堂中的实践运用，实现了用外语"讲好中国故事，传递中国声音"的教学目标，呈现了学科德育与外语课堂的精彩融合。

三、道德引领：创新推动其他类课程的课程思政探索

我们始终坚信，中学阶段的课程思政与学科德育在内涵和价值上有着重

要的一致性。从学科德育的教育看,任何学科除了具有本学科知识传递的价值之外,也应该有一种道德引领的价值,能够发挥立德树人的功能。不同于学科知识体系,德育元素在学科教学和教科书中的存在是零散的、隐性的,是与显性的学科知识交叉融合存在的,它很难直接发挥德育作用,因而更加需要教师在教学过程中借助良好的学科德育意识进行挖掘整合。有研究认为,学科德育在存在样态和作用方式上具有两个方面的基本特征:其一,学科德育中的"德育",具有德育内容要素的广泛性,但不具有德育知识结构的系统性;其二,学科德育中的"学科",具有德育性质的时代性和阶段性,但不具有学生德育知识和德育能力发展的针对性。① 学科德育的属性同样适用于课程思政,这意味着课程和教学中的思政教育元素不是天然存在并能够直接发挥作用的,必须要经过教师创造性的转化和应用。

在我看来,推动课程思政改革在当下的课程教学与人才培养体系中有着独特的价值,这种价值不仅体现在其作为落实立德树人教育根本任务,建设高水平人才培养体系的系统性统领作用,也在于它能够为学校更全面、更系统地实现个性化的培养目标提供一种不同于以往教育理念的新的指导,能够为拓展、优化各学科教学的育人价值提供新的思路。基于这样的认识,上外附中十分重视课程思政建设,在外语类课程的引领下,学校要求非政治学科在各自学科课程、教材中挖掘思政要素,提升教师将思政要素融入学科课堂的意识,加强教研组对课程思政的研讨,选取合适的教学内容,采用符合学科特点和学情特点的方式将课程思政内容润物细无声地融入各类非政治学科。在非政治学科中,我们要求教师们适时适量地将党政文献等内容纳入日常教学,引导学生在学好学科知识的同时,树立正确的世界观、人生观、价值观,从而涵养深厚中国情,孕育赤忱中国心。除了上述呈现的英语和非通用语种的课程思政探索之外,其他学科也围绕课程思政问题进行了积极探索。

语文教研组积极落实国家对"课程思政"的要求,坚持"育人"先"育德",

---

① 钟国良,张万山.试论学科德育的基本内容与功能[J].天津师范大学学报(基础教育版),2005(03):53-57.

坚持以德立身、以德立学的教育理念,明确习近平总书记对课程思政的要求,守好语文学科这段渠、种好语文这片责任田,使语文课程与思想政治理论课同向同行,形成协同效应,将思政要素渗透到日常教育教学各个环节。教研组抓住语文学科的特点,挖掘语文教学中具有思想性、时代性的内容,与"四史"学习、中国传统文化的学习相关的内容有机融合。教研组积极研讨落实课程思政工作的内容和形式,切实推进语文学科的课程思政工作。

历史教研组积极落实国家对"课程思政"的要求,将习近平总书记"立德树人、学科德育"的指示渗透到日常教育教学各个环节,抓住历史学科的特点,将历史课程、"四史"学习、中国传统文化的学习有机融合。教研组积极研讨落实课程思政工作的内容和形式,切实推进历史学科的课程思政工作,"育人"先"育德",坚持以德立身、以德立学、以德施政。

艺术教研组积极落实国家对"课程思政"的要求,将立德树人作为教育的根本任务。通过学科教研活动的广泛讨论,艺术教研组的教师们形成了如下共识:艺术课程有着丰富的德育、思政教育价值,要提升艺术课程的育人价值,就要坚持艺术课程与思想政治理论课的同向同行,形成协同效应。基于这样的认识,在艺术教学中,教师们通过扎实的行动研究,将思政要素渗透到日常教育教学各个环节,抓住艺术学科的特点,挖掘艺术教学中具有思想性、时代性的内容,在提升学生艺术修养的同时帮助其更好地养成对民族文化的认同,不断涵养国家情怀,拓展国际视野。

第四节　发挥育人价值,开展基于课标的教学创新

教学是课程实施的基本方法,需要有一个基本的价值取向作为引领和支撑。关于课程实施取向的研究中,忠实取向、相互调适取向和课程创生取向是广为人知的三个基本取向。这三种取向构成了一个连续体,基本上能够涵

盖课程实施中的情况及其相应的行动策略,也对世界各国课程教学改革的实践提供了重要的理论指导。在相当长的一段时间内,我国关于课程实施的相关研究,主要集中于对这三种基本价值取向的介绍及其利弊分析,尽管这有助于从理论层面形成对课程实施问题的科学认知,促使我国课程教学改革与国际流行理论体系的接轨,但是,从中国基础教育课程教学改革的现实角度出发,在实践中需要一个具有中国话语特色的教学取向,当前,这种取向越来越表现为基于课程标准的取向。

课程标准反映了国家对学生学习结果的统一的基本要求。基于课程标准的教学,就是要求教师在教学过程中树立起清晰的课程标准意识,在仔细研读课程标准,把握课程标准基本内涵、价值、理念和要求的基础上,根据课程标准对学生所规定的学习目标、学习结果来进行教学目标、内容、方法、评价的整体性设计。[①] 对于教师而言,课程标准不仅能够给予其教学和评价的方向感,防止教师在教学过程中仅仅凭借自身经验而导致的盲目现象,也能够为教师的教学改革与创新提供一定的空间,引导教师围绕课程标准预设的目标和要求灵活选择、运用有效的教学方法,推动教学创新,以高质量教学来更好地落实课程标准。2017 年高中新课程标准颁布,2022 年义务教务新课标颁布,引领了中学阶段课程教学改革的新风尚,如何将新课标、新方案的理念贯彻落实到学科教学之中,这是摆在学校面前的现实问题。

一、整体性地理解"双新"改革逻辑理路

在当下高中教育教学改革的所有政策和制度体系中,普通高中新课程、新教材改革(以下简称"双新"改革)是一个受关注最多、影响范围最广的领域。2017 年,国家颁布了新修订的《普通高中课程方案和语文等各学科课程标准》,正式拉开了普通高中"双新"改革的大幕。

高中"双新"改革是一种"变与不变"的逻辑范畴:不变的是坚持立德树人

---

① 崔允漷.课程实施的新取向:基于课程标准的教学[J].教育研究,2009(01):74-79+110.

的教育根本任务,坚持为党育人、为国育才的教育初心;变的是传统应试教育主导下教育管理中"简单说教、单向输灌"的教育方式,"家长制、保姆制、半军事化"的管理方式,"满堂灌、填鸭式"的教学方式,"死记硬背、简单模仿、大量刷题"的学习方式,"简单重复、机械劳动、缺乏创造"的教师专业发展模式[①],"目中无人,分数导向"的教育评价体系,"千校一面,缺乏特色"的学校发展方式。"双新"改革最为核心的追求就在于推进高中办学特色的打造、办学质量的提升和人才培养模式的变革创新。

任何教育政策的制定出台,都必然有其相应的时代背景。当前,我国正在大力推动教育现代化建设,教育现代化是社会现代化发展的必然要求,也是社会现代化的组成部分。高中教育的现代化与教育现代化有着密切联系,一方面,作为国民教育体系的重要组成部分,高中教育关系整个教育体系的质量提升和变革成败,教育现代化理所应当地包含着高中教育现代化;另一方面,教育现代化的本质是人的现代化,通过现代化的高中教育体系培养现代化的高素质人才,这是高中教育融入现代化、服务现代化的应然选择。整体而言,目前我国普通高中在现代化建设的进程中,普遍存在办学定位模糊、培养目标错位、政府导向偏差、办学模式单一以及校外资源渠道不畅等问题[②],严重制约了高中特色发展、内涵发展和品质提升,其中,课程教学和人才培养是最为迫切需要解决的问题。基于这样的理解,实际上可以认为,普通高中"双新"实施,正是在教育现代化的整体背景下,聚焦普通高中在课程教学和人才培养中的普遍性问题,通过理念和方法的重构,推动普通高中现代化建设,实现高中特色化、多元化办学,培养具有现代素养的公民的一种制度性设计,也是开启第二个百年"现代化和民族复兴"新征程和建构完整立德树人教育体系的重要组成部分。

普通高中"双新"改革,贯穿其中的理念是丰富的,对于学校而言,最需要

---

① 谢登科.对高中"双新"改革中"五对"关系的思考[J].中小学校长,2022(06):46-48.
② 杜明峰,范国睿.普通高中教育现代化发展指标的价值选择与建构思路[J].教育发展研究,2015,35(01):71-75.

把握的有三个方面：其一,是倡导立德树人教育根本任务的回归,把立德树人与学生核心素养的培育有效关联,破除传统高中教育中过于注重分数、考试的弊端,着眼于具体的、完整的人来改进高中教育；其二,是在课程建设上,倡导完整科学的课程体系建构,既有效落实国家课程的要求,也能够通过课程的丰富性、可选择性来匹配每一个学生的成长需要,建构适合每一个学生的课程是高中"双新"改革的题中之意；其三,倡导着眼学生核心素养的培育和综合能力的提升改革传统的课堂教学。"双新"改革,从核心价值上看,就是倡导通过多样化的教学方式的综合运用,引导学生学习方式的变革,让学生充分体验合作学习、探究学习、自主学习,让课程教学真正发挥育人价值,而超越对单纯的"知识和技能"的传统偏好。

2022年开始的义务教育阶段"双新"改革,尽管在具体的表达方式上因为学段的差异与高中教育而有所不同,但是其所传递的核心理念,比如对立德树人根本任务的恪守,对核心素养、学科核心素养体系的重视,对项目化学习、探究型学习、综合学习、跨学科学习等学习方式的变革,实际上是与高中"双新"改革有内在一致性的,这种内在一致性也意味着作为一所七年一贯制学校,上外附中各学段统筹推进"双新"改革,特别是整体上落实基于课程标准的教学是有现实可能性的。

二、创造性地推进"双新"改革探索实践

"双新"改革,归根到底是教学层面的改革,要通过教学理念和方式的创新来体现新课标、新方案的新价值。

为贯彻落实"双新"改革要求,学校鼓励教研组采取"请进来,走出去"的策略。一方面,邀请市区专家走进学校,进行"双新"背景下基于学科核心素养的教学指导,为教师成长提供助力。教师们积极学习研读新教材、新课标,落实新课标对各学科核心素养的要求,适应新形势下的教学生态,搭建各学科七年一贯制课程框架。另一方面,鼓励教师们走出学校,积极参与市、区两级的优质教研活动和各类学科竞赛,吸收教学新理念,在各类竞赛中锻炼师

资队伍、以课会友,积极与其他兄弟学校同仁切磋交流,共同提高。

各教研组通过多种教研形式践行落实"双新"改革,例如请专家定期进驻学校听课评课引领组内教师立足课堂,对标"双新"改革要求;围绕学科教学主题开展专题讲座或专题研讨会;以校、区、市三级公开教学展示的磨课、听课和评课为契机深入钻研新教材和新课标,更新教学理念,开展教学优质课堂的教学实践研究;有效整合校内外资源,在课程改革方面围绕"双新"改革进行探索,让具有研究性、开放性、情景性、互动性等特点的学科内容成为校本课程主体;结合校情学情构建课堂、作业、课后辅导与育人评价体系;对标上海新教材,积极研讨新高考的变化和特点等。

对新教材的研究和校本化实施是推进"双新"改革的重要抓手,学校在研究新教材方面做了一些有益的探索,其中最为关键的包括两个领域。

(一) 深层次理解课程标准的价值

课程标准反映的是国家层面对于课程实施的总体要求,它提供的是一种课程实施、评价的规范。要深入落实基于标准的教学,前提是深刻理解新课标、新方案的理念,这种理解要建立在学科特性的有效分析之上。为了引导教师更好地理解和感悟新课标的内涵与价值,在做好统一层面的教师培训、专题讲座基础上,学校注重任务下沉,通过学科组、教研组的整合引领力量,以学科为单位集中开展对于新课标理念的阐释、解读,形成具有学科特性的"双新"理念个性化理解,为后续实践领域的教学变革奠定基础。

1. 完善中学英语教材体系

教材建设是当下各学段课程教学与人才培养变革中颇受关注的问题,近年来,国家也先后多次出台相关的政策、制度和通知,要求进一步规范教材管理,严格教材选用。作为一所以外语教学为特色的学校,上外附中一方面坚决落实国家课程的统一要求,推进统编教学的普及和使用,将国家层面的课程、教学和育人规范与理念,真正通过教材的合理使用进行落实。另一方面,根据学校特色化的人才培养理念和学生实际情况,在英语拓展课程、语言类社团课程等活动中,尝试选用《剑桥新思维英语》中的部分内容作为国家教材的补充,进一步完善学校的课程教材体系,在有效落实国家课程标准和要求的基础上,引导学生进一步与国际教育接轨,加深对于文化的国际理解和感知。2022年义务教育新课标颁布后,英语备课组利用节假日进行集体备课,研讨新教材,将"双新"精神融入教学教法,编制较为统一的教学内容和作业习题。初中英语教材的合理选择和运用,英语新课程的建设,均体现了学校英语教学的与时俱进。

2. 小语种新教材及时调整完善

小语种教研组积极响应教育部新课程标准的出台,及时调整各语种教材并定期进行研讨,日语和俄语已全部换用人民教育出版社出版的新课标教材。除了对新教材进行学习和研讨以外,我们还组织教师积极参与人教社新教材和新课标的相关培训活动,并身体力行尝试以新教材开展教学实践活动,多次参与人教社云教研培训的公开课录制。目前,国家没有德语、法语和西语的统编教材,教研组在实际教学中对各个出版社的新课标教材进行甄别和研判,并作校本化调整。除了原有的几个非通用语种,新开设的"一带一路"语种意大利语、葡萄牙语和阿拉伯语课程没有中学课程标准,因此学校参考其他非通用语种对教材进行选用,并根据教学实际需求做校本化处理。

3. 理科教研组对新教材进行校本化实施

数学、物理、化学和生物组等理科教研组都通过邀请市区专家定期指导教研组,重点培养青年教师,优化课堂教学。各教研组都积极参与市、区两级理论和教学实践学习,开展广泛而深入的基于"双新"的教学研讨和校本化实施研究。第一,调整教学内容和进度,形成校本教学初高中七年一贯制的设计和衔接教学结构框架,做好教材的整合。第二,精选精编精练习题形成校本练习册。结合学校学生的实际,精编习题,数学、物理、化学都已经印刷成校本练习册;生物组高二第一学期已经使用自编讲义和校本练习;化学组全组教师参与编写了高一的校本练习册的必修部分,加强每周周测和资料的积累。第三,钻研新教材,集中全组力量重点推进高中备课和听评课活动。

4. 统编三科立足新教材各显神通

语文教研组通过开展专题讲座研讨"双新"。初中教研组在市教研员指导下精心编写《初中语文单元教学设计》并刊印成册。政治教研组立足新教材,用新课程改革的要求改善学生学的方式和教师教的方式,在高中思政课进行议题式教学、情境式教学的探索,在初中进行项目化学习的探索。历史教研组围绕新教材进行集体备课,对组内青年教师、新进教师的教学、作业布置、考试命题进行指导,同时逐步建设历史学科新教材教学资源库。

（二）多维度创新基于标准的教学

"双新"的落实,关键在于教学组织形式的创新。教学组织形式是教学论研究领域的一个重要问题,在研究的过程中,衍生了不同的教学组织形式,如个别教学、集体教学、班级授课制等,它们在课程教学改革的不同时期发挥了不同的引领作用,但是总体而言,这些不同类型的教学组织形式也都存在各种各样的弊端与问题。追求更有效、更高质量的教学组织形式,是教学改革不变的主题。"双新"改革的推进,为变革教学组织形式提供了新的空间和要求。教学组织形式的创新是一个系统性、实践性的概念,其基础是教学方法的改革创新。从方法论视角来检视,教学组织形式的创新应该运用系统理论的观点,注重创新教学组织形式"形"的同时更加注重"质"[1],也就是要通过教学组织形式的创新来更好地落实课程标准,提升教学质量。为了更好地落实"双新"理念,体现基于标准的教学价值导向,真正把立德树人的价值导向和核心素养的培养要求贯彻到教学的过程之中,上外附中积极倡导一种勇于变革的教学理念,通过教学方法的探索创新建构适应"双新"改革的教学体系,比较有代表性的做法如下。

1. 实施初三下学期初高中衔接课程

为发挥上外附中七年一贯人才培养优势,学校从 2021 学年第二学期起启动初高中衔接教学,将数学、物理、化学、语文和英语学科高中内容下移到初

---

① 蔡寅亮.教学组织形式创新的方法论思考[J].天津市教科院学报,2012(04)：5-8.

三第二学期,让通过直升考的学生提前进入初高中衔接状态,同时给予高中教学更充足的时间。为满足初高中衔接的教学要求,教研组重新统筹安排高中教学内容,调整教学进度,定期进行阶段练习和质量分析,同时根据学情编制校本练习册,每学期试用后,根据实际情况进行修改完善。课程中心和教研组长定期听课,了解教学进度和教学情况,发现问题及时解决。

2. 实施高二加三分层走班教学模式

随着国家高中新课程和新教材在上海市的全面推广,鉴于上海高考新政和高校招生的深化改革,以及近年来上外附中高中学生升学多元化的结构变化,学校本着"以学生发展为本"的理念,从 2021 学年起在高二年级实施加三学科分层走班教学。学校根据学科特点和学生选课需求,为各学科合理设置合格班和等级班数量,安排走班课表,出台配套的考核评价机制,同时做好学生选课和日常走班课的管理工作(走班课堂管理和自修课管理)。该教学模式试行一年多,虽然增加了管理的工作量,但总体上达到了预期的两大目标:既提高了课程教学的针对性与实效性,同时也满足了学生多元化的课程学习需求。

3. 实施高三年级分类分层教学

针对上外附中高中学生升学多元化的校情,学校本着"以学生发展为本"的理念,自 2018 届起实施高三年级分类分层教学,以提高课程教学的针对性与实效性,充分满足学生多元化的课程学习需求。该教学方法多年实践下来,取得了良好效果,并得到了师生和家长的高度认可。学校按照学生不同升学意向编班,即高考班、保送班和出国班,并根据不同班型学生的实际升学需求安排相应的课时和教学内容,旨在为高考学生提供良好的备考环境,为保送和出国学生提供有针对性的课程和自主学习时间,为三类方向学生提供有针对性的升学指导和学业指导,并建立相应的评价体系。学生根据需求自主选课,做到一人一课表。

4. 多语种科创人才班建设

为更好地服务新时代人才强国战略和上海市高水平人才高地建设,积极探索基础学科拔尖创新人才早期培养的有效路径和方法,上外附中自 2022 年 9 月起开设多语种科创人才实验班,围绕"理科特长""创新特质""外语特色"构建人才培养体系,创新人才培养模式,高质量培养多语种科创预备人才。现阶段开设 1 个班,共 38 名学生,根据小升初面试中数学能力突出的学生进行单独编班,在侧重数学、物理和人工智能课的同时,秉承外语学校办学特色,注重学生英语基础能力培养。在管理上,采取一生一档案的跟踪记录模式,通过半学期的教学及评估,该班学生在原有的基础上取得了非常明显的进步,特别是数学学科在同龄学生中处于绝对优势。对于不同程度的优秀学生,我们帮助他们对接学校原有的理科研修班,并开放数学、物理、化学、生物、信息学等课程,提供培育和进阶培育的培养通道。学生根据能力和兴趣可选择不同班型进行深入学习。学校计划初二年级基本完成五大基础学科初中内容及拓展提高学习,初三年级将开展高中课程的学习;高一年级将参加五大理科全国联赛、青少年科技创新大赛等综合实践活动,为大学自招和强基录取奠定基础。学校力争通过系统课程培养出一批理科素养好、科创能力强、语言基础好的科技创新型预备人才。

总而言之,教学是学校立校之本,也是人才培养的关键支撑。围绕具有国际胜任力的预备英才培养问题,上外附中持续推进教学改革,既有效落实了国家层面的课程要求,推动了高中和义务教育阶段新课程标准的有效落实,也建构了具有学校特色的教学体系,这实际上造就了学校持续性高质量发展的基石,也是特色化人才培养能够取得成效的最重要保障。

第五章

师 资 打 造

——汇聚具有国际胜任力的预备英才培养之力

作为一名学校管理者,我对教师工作及其价值的认知是一贯的,也始终都将教师队伍建设作为自己办学治校的核心领域。教师的工作不仅是专业性的工作,同时也是一种充满温情和智慧的工作,它对每一个孩子的成长、每一个家庭的幸福都至关重要。上外附中的快速发展,得益于一支高素质、专业化的教师队伍,他们以自己独特的方式诠释着对教育初心使命的坚守,诠释着对教育事业和学生的热爱,诠释着对专业成长的孜孜以求。

教师是教育的第一资源,是影响教育教学和人才培养质量的关键因素,培养具有国际胜任力的预备英才,不论是培养方案的制定,还是培养活动的具体实施,都需要依靠教师专业化、创造性的劳动。因此,对于学校管理而言,教师队伍建设和教师专业发展始终应该是基础性的工作。

作为一名学校管理者,我对教师工作及其价值的认知是一贯的,也始终都将教师队伍建设作为自己办学治校的核心领域。这一方面是因为我对当下教育政策的把握,另一方面也是源自自身工作中的实际感受。

百年大计,教育为本;教育发展,教师为本。从我国的历史文化传统和教育改革发展的现实情况看,尊师重教一直是镌刻在社会大众心中不变的精神信仰。不论我国经济社会发展各阶段的教育变革有怎样的阶段性特征,对于教师队伍建设的重视都是贯穿始终的。党的十八大以来,习近平总书记多次在考察、讲话、批示中表达了对教育事业的重视和对教师职业的尊崇,强调要切实加强新时代教师队伍建设。在党的二十大报告中,习近平总书记再一次强调,要"培养高素质教师队伍","办人民满意的教育"。在 2023 年 5 月 29 日举行的中共中央政治局第五次集体学习中,习近平总书记又专门强调,"强教必先强师,要把加强教师队伍建设作为建设教育强国最重要的基础工作来抓,大力培养造就一支师德高尚、业务精湛、结构合理、充满活力的高素质专业化教师队伍"[1]。推进新时代教师队伍建设,必须聚焦制约教师队伍建设和教师专业发展的关键性问题进行持续不断地改革创新。总体来看,对于国家和政府层面,如何扎实推进教师教育体系改革,优化教师资源配置,着眼现代教师治理体系建设,扎实推进中小学教师人事制度改革,完善中小学教师人

① 中华人民共和国中央人民政府.习近平主持中央政治局第五次集体学习并发表重要讲话[EB/OL].(2023 - 05 - 29)[2023 - 06 - 17],https://www.gov.cn/yaowen/liebiao/202305/content_6883632.htm?device=app

力资源管理体系,优化学校内外部教师管理效能,提升学校办学活力和校长、教师的工作积极性,是当下教师队伍建设亟待破解的关键问题;对于学校而言,如何抓住教师队伍建设的有利政策契机,通过有效的校本教师专业发展体系建构,促进学校教师队伍专业发展,打造适应学校整体改革发展需要的高素质教师队伍,这也是刻不容缓的任务。

我始终认为,教师的工作不仅是专业性的工作,同时也是一种充满温情和智慧的工作,它对每一个孩子的成长、每一个家庭的幸福都至关重要。

我曾经读过作家林清玄的一篇文章——《好孩子不是得第一名,而是被唤醒了内心的种子》,其中的很多话和故事给我留下了深刻的印象,让我在检视自身的同时,也引发了我对教师职业和教师队伍建设的持续思考。比如,林清玄读小学的时候有一次考试考得很不理想,回到家后很害怕父亲批评,但是父亲并没有批评他,而是对他说:"这么多年来我一直想找一个事业的接班人,现在看来我找到了,这挺好的!"但是林清玄认识到,他的父亲是一个地地道道的农民,而他不想接父亲的班去做农民,因此也就暗下决心要好好学习,努力进步,将来做一份自己喜欢的工作;再比如,林清玄发现,现在的世界精英大都不是读书时候的尖子生,他们在班级里的排名并不高。林清玄分析了这种现象背后的原因,认为这一部分孩子的人际关系更好,可以跟考试第一名的同学做朋友,也可以跟最后一名做朋友,而且学习压力不大,生活轻松,更能够产生创意。由此,林清玄感叹道,所谓的好孩子并不是考试得第一名的人,而是内心的种子被真正唤醒的人。要唤醒孩子内心的种子,就要根据每一个孩子的特点来教育引导孩子,让孩子能够认识到自我,能够主动学习和成长,而不是浑浑噩噩地生活。林清玄回顾自己的人生,认为就是自己内心当中爱好写作的种子被真正唤醒了,他才走上了成功之路,最终出版了131本书。

未来社会,具有国际胜任力,能够参与全球治理的高素质人才,其素养的培养,一方面需要靠学校教育,另一方面,更为重要的是靠学生自身成长意识的觉醒,靠他们在更为广阔的学习和生活空间中汲取成长的营养元素。因此,唤醒孩子内心成长的种子尤为重要,而这显然需要依靠教师专业发展的有效性来保障。

从 20 世纪 50 年代起,教师专业发展的理论与实践问题开始成为教育研究和世界各国教育政策制定的焦点性问题,这一势头至今仍未衰减。在教师专业发展的演进过程中,人们对于教师职业、教师发展等问题的认知在不断丰富,特别是对于教师工作的内容与价值问题在认知上呈现了很大的转型。当今时代的教师,不再被简单地视作学科知识的传递者,教师与学生、与学科、与教材、与自身乃至与教育变革之间的关系在不断重构。教师的价值,更多地被从推进教育变革,唤醒学生的成长潜能,促进学生全面发展,保障教育教学质量的角度审视。在这样的情况下,教师专业发展也越来越被视作一种复合型、多样化的发展,教师的知识、能力、态度、价值、道德、情感等,构筑了其完整的专业发展体系。在这种成长与发展的过程中,人们越来越认识到两个方面的共性特征:其一,从教师专业发展的动力来看,教师的成长,本质上不是一种外部力量压迫下的被动成长,教师不是依赖外在的技术性知识的灌输而被塑造的,真正有效的教师成长,是一种教师自我理解的过程,需要教师通过反思性的实践来变革自我,实现自主发展,①因此教师的内在成长自觉和立足于实践的反思提升是其成长的核心动力;其二,从教师专业发展的保障机制和支持体系建设看,这一过程不仅需要外部的政策制度保障,需要国家、社会各层面的各类资源保障,也需要学校结合实际,在充分了解教师队伍建设需求的基础上,通过资源的有效整合利用,建构个性化和具有可操作性的校本教师专业发展支持体系。

上外附中的快速发展,得益于一支高素质、专业化的教师队伍,他们以自己独特的方式诠释着对于教育初心使命的坚守,诠释着对于教育事业和学生的热爱,诠释着对于专业成长的孜孜以求。2010 年 9 月,学校黄桂兰老师荣获"上海市特级教师"荣誉称号,这是学校教师队伍建设历史上浓墨重彩的一

---

① 钟启泉.我国教师教育制度创新的课题[J].北京大学教育评论,2008(03):46-59+189.

笔。黄老师从教 30 年,一直以人民教育家于漪老师说的"一辈子学做教师"的格言鞭策自己,始终把学生的成长和成才视为自己最大的快乐。她长期致力于高中历史教学,追求"转识成智"的课堂教学,引导学生在求知、求真、求通的历史学习中,形成自己对历史的正确认识,并生成源于历史的智慧品德和人文情怀。黄老师在实践中不断探寻与反思,撰写了专著《转识成智的课堂教学:核心素养导向的历史教学》,并在全国核心期刊《历史教学》等杂志上发表了多篇教学论文。面对教育信息化,黄老师主动尝试开发慕课,探索"转识成智"课堂教学的新时空,探索线上线下交互滋育核心素养的新路径。不仅如此,在做好自身专业成长工作的同时,她还积极投身团队建设,助力青年教师成长和区域教育均衡发展,她无私带教和指导了普陀、虹口两个区十多位教师的专业成长,其中多名青年教师已成长为市、区骨干教师。

黄桂兰老师是上外附中教师队伍的优秀代表,在上外附中的教师队伍之中,像黄桂兰这样的优秀教师不在少数,正是他们的辛劳和智慧支撑了上外附中的高质量发展。我时常想,究竟是哪些因素促成了学校教师队伍的快速成长? 在新时代的教育改革发展背景下,我们又该怎样变革教师队伍建设的理念和方法,建构起更加具有实践效能的校本教师专业发展体系,让更多的教师能够脱颖而出?

第一节 坚持科学规划,注重教师 队伍的整体性设计

学校层面的教师队伍建设和教师专业发展是一个系统性工程,需要进行整体性设计。对于校长而言,能否结合时代发展需要和学校实际情况对学校教师队伍建设进行科学设计和规划,这是衡量校长专业素养和校长有效领导力的重要标尺。通常而言,中小学教育教学活动中,校长、教师、学生是三位一体的,校长发展是前提,教师发展是根本,学生发展是归宿。但是相对于教

师和学生的发展,校长的发展有更深层次和更多元化的要求,它不仅意味着校长自身专业素养的提升,也意味着校长通过科学的成长和发展制度体系建构,帮助学生和教师更好地实现成长发展。

一、完善教师队伍建设的相关制度

制度层面的建设是学校教师队伍建设的基础性工作,健全完善的制度,不仅是教师科学管理的依据,也是教师专业成长的有效保障。

上外附中非常重视教师队伍建设,在学校工作三年规划中明确提出,"以教师的专业化发展带动学生的个性化发展,培养选拔高素质教师队伍,发展教师专业化能力、打造教育领军人才。努力提升高级教师比例,推动特级教师评选。通过师德工程和师训工作,不断提升教师的专业素养,使之形成有理想、讲奉献、精业务、通人文、宽视野、符合时代发展要求的附中教师形象"。

学校自 2017 年 11 月起组建"教师发展中心"之后,依据不同阶段教师职业发展的需求和侧重点,参照市、区学科骨干与学科带头人的要求,并结合学校实际情况,建立起教师"阶梯式培养"机制,规划制定了"新进教师—青年教师(进校 1～5 年)—中青年骨干教师—学科工作室(暂定)"教师职业发展路线图;以现有的市、区、校人才梯队建设平台为基础,结合校内青年教师、新教师教学竞赛、基本功评比、带教指导工作,以项目任务(包括课题研究、公开教学展示、论文撰写、资源库建设等)引领的方式,组建跨学科或学科组内覆盖老、中、青三代的教师研修成长团队,在完成对青年教师、新教师的指导培训的同时,推动老教师、骨干教师不断提升;最终以可量化指标(项目任务完成情况)对跨学科组及各学科组教师研修团队进行考核评价。

不仅如此,近年来,根据学校整体改革发展和教师队伍建设的需要,学校不断修订完善原有的教师队伍建设制度体系,围绕教学、科研、教师成长、教师激励等问题扎实做好制度的废改立工作,建构起适应新时代学校改革发展需要的制度体系。同时,在具体的实施过程中,坚持制度的刚性与人文关怀的柔性相结合,让教师在制度中学会规范,在人文化的环境中体会到尊重和价值,从而从两个维度激发教师工作和专业成长的积极性。

二、扎实推进校本研训的体系构建

教师研修和培训是教师专业发展的有效路径,也是最具有实践价值和集群效应的路径。从我国的实际情况看,自21世纪初我国基础教育新一轮课程教学改革以来,如何通过有效的方式打造匹配新课程理念落实需要的高素质教师队伍一直是一个广受关注的实践命题。在这一命题的解决过程中,校本研修作为一种重要的教师专业发展模式经历了从提出到完善再到成熟的过程。校本研修脱胎于传统的教师学习理念,但是又与学校真实的情况有内在的有效关联。它倡导一种基于问题的,立足学校课程教学真实环境的,以教师为主体的研修范式。校本研修能够实现教师专业成长中有效的自主学习、自我反思和同伴互助成长,并且在学校范围内建构起一种与新课程改革和教师队伍建设需要相匹配的研修制度,促进学校学习型教师团队建设,推动中小学教师继续教育的范式革新,[①]整体提升学校层面的教师队伍专业化水平。

在校本研修的系统性变革中,校本培训作为一种最常见的方式越来越受到欢迎,并在学校层面得到了普遍的运用。相较于传统的外部组织为特征的培训体系,校本培训与学校的实际结合更加紧密,也更能够引导教师将培训的内容与课程教学变革的实践相结合,创造性地解决学校教育教学和教师队伍建设面临的实践性问题。

校本培训的理念有其先进性,但是,要让这种理念的先进性在实践中得到展现,必须结合学校实际进行校本研修体系和路径的有效建构。这实际上也在很大程度上考验着校长的教育理念和治理思维。

上外附中注重结合新时代教师队伍建设的新要求和新理念,从学校办学特色和个性化的教师队伍建设培养目标入手,着力建构有效、有序、有品的校

---

① 汪桂琼.校本研修:20年实践回顾及未来展望[J].教育科学论坛,2019(14):3-6.

本研修体系,赋能教师专业发展。学校依托外语学校丰富的国际化、多语种的资源,引进多项国际知名的培训研修班项目,结合本土的教育实践的实际情况进行教师研修活动:通过国际部引入 TESOL 的教师培训,提升英语教师的国际教育技能和素养;与南外、厦外、嘉外、闵外等外国语兄弟学校加强合作,引进和输出优质的师训项目,尤其是非通用语种学科的带教和课程研发项目;此外,学校依托学校英语正高级教师王琳艺老师和上海市英语教育教学研究基地,持续性地开展英语学科人才梯队的建设和教师培训活动。

依托校本培训体系建设,学校努力为教师提供符合可持续发展理念的个性化专业发展机会和平台,根据不同层次的教师的专业发展需求,组织和制定了阶梯式的、多样的培养路径。例如,通过"见习(新进)教师规范化培养,青年教师(入校 2～5 年)以赛带训磨炼内功,中青年骨干教师搭建专业发展平台,高端教师学科导师引领示范"的阶梯式培养,打造上外附中的教师专业发展模式。

除完成市、区级师训要求之外,学校积极组织设计校本培训活动,从师德素养、专业成长、德育生涯、实践体验等多维度扎实打造有附中特色的校本培训课程体系。

在师德素养方面:根据市、区要求,制定并完成学校培训校本研修的师德与素养培训方案;开展"书记、校长讲师德"主题教育;开展培养信息化素养、提升教育教学能力等的素养讲座。

在专业成长方面:以"请进来、走出去"的方式开展校本研训。"请进来"包括举办各类高水平学术讲座,引进和举办高层次的教育教学研讨会,邀请学科专家对教研组内教师进行针对性辅导。"走出去"包括学校组织教师外出参加各级各类符合国家长期战略、学校特色目标的培训活动;每学期学校定期组织教师赴国内中学参观学习,交流经验。

在德育生涯方面:学校制定了《班主任培训计划》,通过集中培训和个人研修相结合、面授辅导和现代远程教育手段并举、专家引领与课题带动的形式,开展班主任培训;通过"班主任论文、案例分析、主题活动设计、主题班会评比、德育公开课"等实践交流、评比活动,提升班主任的基本素质。

在实践体验方面:组织各类"以研带训""以赛带训""以教带训"的活动,构建"研训共同体"来推动教师的专业发展。

在整体建构校本培训体系的基础上,学校能够结合市、区、学校的年度工作计划和教师队伍建设的重点、难点问题,创造性地开展校本培训活动,务求校本培训的实效性。下面以2022年学校校本培训的开展为例具体说明。

根据区师训要求,设计校级师德素养课程方案,并由各学科教研组结合学校研训主题和学科、组室情况,制定各学科校本实践体验课程方案,并经由区师训部门和专家审核。校级师德素养课程采用专题讲座、分组研讨和自主研修的形式开展,教师发展中心统一记录培训情况。各教研组实践体验课程由各教研组长负责,结合教研组教研活动来落实。

寒假组织高中各学科教师参加上海市高中新教材培训,各教研组提交培训案例作业,由教师发展中心组织审核并向市、区推荐优秀案例。根据虹口区师训部门要求,设计并实施暑期校本培训,2022学年以"聚焦新课标,践行新理念,提升课堂教学效益"为主题,通过学校组织的学科德育和全员导师制的专题学习,充分挖掘学校教师中的育德资源,助力"双减"背景下的育德模式多元发展,通过组织教研组研讨,聚焦新课标与新理念,关注学校七年一贯制特色学制背景下的初高衔接研究,全体教师完成培训后由各教研组收集并提交反馈。

推进信息技术应用能力提升工程2.0培训。制定校级培训工作方案,并组织各教研组制定和落实各学科校本培训方案。参培教师完成培训并提交基于信息技术的课例和教学案例,由教师发展中心评审出优秀案例合集;推荐英语组汪晶、叶文勤、陈南老师参与教师数字化学习特色案例征集活动;根据疫情期间线上线下结合的培训整体工作情况和经验,撰写线上校本研修案例。

梳理学校在教师专业发展工作中的经验做法、亮点特色和成绩成果。基于问题导向从师德素养、专业成长、德育生涯、实践体验等板块破解校本研修中迫切需要解决的问题。从高端教师梯队建设、青年教师岗位培养、见习教师规范化培训、德育生涯主题教育、外语外教特色示范等方面总结针对不同层次教师的阶梯式、多样的专业发展培养路径和方式。

组织各学科教师参与上海市师资培训中心主办的"指向专业发展的教师学习新样态"征文活动,5位教师提交了征文材料。

这些案例活动都展现了学校校本培训体系的生命力,也展示了学校围绕教师专业发展的实践命题对教师校本培训进行的创造性实施。

三、做好教师队伍建设的未来规划

教师队伍建设和教师专业发展,既要针对当下,又要着眼未来。因此,有效的教师队伍建设和教师专业发展规划必不可少。对于教师个体而言,合理的自我专业成长规划需要教师清晰地认知自我,科学地判断未来课程教学改革的方向,清晰地描绘自我成长的目标和路径体系。从这个角度出发,教师制定自我专业成长规划,不仅是其自身成长过程中的一个环节,这一活动本身也有着重要的专业成长价值,能够对教师的专业发展起到重要的引导、激励和导向功能;对于学校而言,教师专业发展的整体性规划能够明晰未来学校教师队伍建设的整体样态和实践路径,让教师明确未来自己能做什么,需要做什么,从而通过愿景引领激发教师的专业成长自觉。基于这样的认识,上外附中一方面注重激发教师的自我成长规划意识,要求教师,特别是青年教师,要在深刻全面自我分析的基础上设计个体成长规划,并根据实践进行规划的动态调整;另一方面,结合学校发展规划的制定,对未来教师队伍建设的整体思路和重点内容进行设计布局,明晰未来发展方向,凝聚教师队伍建设共识。

以学校"十四五"规划的制定为例,未来五年学校在教师队伍建设上的整体目标是:激发教师专业发展的内驱力,建设有上外附中特色的教师队伍。基于这一目标,学校对未来五年教师队伍建设进行了整体性规划,指明了未来教师队伍建设的基本方略,也为教师自身专业发展提供了整体性的引领。

　　未来五年,学校要通过校本自培计划、研训一体计划,激发教师专业发展的内驱力,进一步梳理学校教师发展的体制机制,明确各级各类教师发展方向,细化操作路径,跟进评价激励,努力建设一支能够促进学校发展的、具有上外附中特色的教师队伍。

　　一方面,进一步完善校本自培计划。第一,加强师德师风建设,落实学习新时代教师职业行为"十项准则",践行"四有"要求,健全师德师风建设的长效机制。逐步推进"四有好老师"的评选活动,遴选出师德师风优秀的教师标兵。特聘校内外心理教育专家团队开展特色培训,提升教师关爱学生的意识和实践水平。第二,加强教育理念更新,以实践体验课程、专家讲座及工作坊、线下线上融合培训课程为抓手,持续推进教师教育教学理念的更新;支持教师探索新型育人模式。第三,提升信息技术深度融入教学的素养,做到"在线""精准""协同"。第四,配合学校外语特色学科建设,围绕"教材选用、教法探究、学生阅读与写作能力提升",非通用语种在做精做强上下功夫:聘请专家开设工作坊和讲座,鼓励教师参与高层次培训与高规格会议活动;积极拓展各类研训渠道,争取使每位教师都能获得相应的培训提升机会。

　　另一方面,大力推动研训一体计划。围绕外语学科特色与初高中七年贯通,以四大主题("双新"背景下新课程的规划与落实、"大思政"育人格局的构建、项目化学习种子实验校建设、多语＋科创人才培育体系的研究)为抓手,以学生核心素养培育为核心打破学科界限,组建大外语、大思政、大科创与生涯发展四大教科研共同体/项目组,并争取申报立项市、区级教科研项目,获得市、区教育教学成果奖。举办市级、区级大型研讨会,在国内外有影响力的学科期刊上发表论文、案例。争取在第五期市"双名工程"与下一轮区教师人才梯队项目建设中,入选市攻关基地主持人、区学科带头人和骨干教师的人数比以往有较为明显的增长,扩大上外附中教师在市、区乃至全国教科研平台的影响力与话语权。积极探索人才梯队的培养模式,以教科研共同体建设推进研训一体化,以项目研究、研训课程开发等内容载体,实现共同体成员(特级、高级和青年教师)的相互影响和全面成长,并力争以校内线下研训课程建设为基础,开发具有上外附中特色的市、区教研线上研训课程。"十四五"期间,计划实现特级、正高级教师的人数比"十三五"期间有较大幅度增长,显著提高高级职称教师中中青年教师的比例,并努力使学科分布更为均衡。

第二节　聚焦师德师风,注重教师队伍的道德性成长

教师的专业发展是一个完整的系统,不仅包含知识、技能的要求,也包括情感、道德、价值观的要求,其中,教师专业发展的道德属性尤为值得关注。倡导教师队伍的道德性成长,不仅是教育立德树人根本任务的内在要求,也是教师工作更好地发挥育人价值的体现,是教师职业的内在要求。因此,在我的教师队伍建设观念中,教师队伍的道德性成长是基础性的,永远把师德师风建设作为教师队伍建设的第一标准,这是上外附中持之以恒的信念。

对于教师职业道德的关注,既是对教师职业属性的合理认知,也是对当前教师队伍建设相关政策制度的有效落实,同时,也是立德树人教育根本任务能够在教育体系中真正得到落实的重要保障。把立德树人作为教育的根本任务,带来的是教育理念、教育目标、教育方法、教育评价、教育管理与服务等领域的一系列系统性变革,但是毫无疑问的是,立德树人的主阵地在课堂,主渠道在学科,主力军是教师。[①] 立德树人是一个系统性工程,涉及学生成长与发展的方方面面,其中居于首要位置的一定是学生道德层面的引领。在过去关于"立德树人"的相关研究中,研究者关注更多的是"立德树人"的价值与内涵,倡导将"立德树人"作为引领教育教学改革的核心价值思想,但是对于教师如何通过专业发展更好地承担立德树人职责则缺少相应的理论建构和

---

① 毛菊,孟凡丽.教师"立德树人"的历史流变及时代建构[J].新疆大学学报(哲学·人文社会科学版),2018,46(04):21-26.

实践探索。实际上,立德树人将教师专业发展提升到一个新高度、新境界,特别强调教师要有使命感、责任感,铸魂育人,要结合自身任教学科的属性,探索教学中立德树人的实现方式,[①]真正落实"三全育人"的价值与理念。在我看来,要引导教师更好地承担立德树人的根本任务,一方面要着力提升教师的师德素养,引导教师用自身良好的职业道德和形象引领、感染学生,发挥言传身教的积极影响;另一方面,也要着力提升教师的育德意识和育德能力,特别是提升其基于学科教学的德育素养,让教师的工作充满德育价值,让立德树人成为真正贯穿教师教学和管理工作的内在价值诉求。

一、持之以恒抓师德师风建设

师德师风建设是教师专业发展的永恒任务,是核心命题,也是学校在教师队伍建设中最为重要的基础性、前提性工作。加强和改进新时代师德师风建设,要避免"为建设而建设"的形式主义,回归朴素内涵,坚守建设初心,以教师之德,育学生之德,发挥师德师风的育人功能,[②]培养更多的有良好道德修养和道德示范价值的好教师,实现"以德育德"的价值诉求。同时,加强师德师风建设,也要紧跟时代发展的步伐,把握新时代师德师风建设的规律性要求和要点、重点、难点,积极探索兼具校本性和推广性的师德师风建设经验体系,提升师德建设制度化水平,这实际上就需要学校不能够把师德师风建设作为一种教师队伍建设的"附属工作",而是要结合学校实际进行系统性的安排和设计。上外附中始终把加强教师队伍的师德师风建设作为首要工作,主要从两个维度建构"内修外引"为特色的师德师风建设体系。

一方面,从内部看,注重对于教师的价值观引领,启发教师的道德自觉。价值观直接影响和决定一个人的理想、信念、生活目标和追求方向的性质。学校开展师德教育,首先注重价值观引领,正确地认识教育思想。学校该培养怎样的学生,当今怎么做教师?学校将建章立制与价值观引领"组合"在一

---

① 成尚荣.立德树人与教师发展的新境界[J].西北师大学报(社会科学版),2020,57(06):110-116.

② 王红,张云婷.以德育德:新时代师德师风建设的初心、路径与保障[J].中小学德育,2020(01):7-12.

起,促进教师师德规范:通过教师工作考核条例的制定,引导教师认识什么是底线,什么是教师应有的信念和行为;通过制定完善个人评优、团队评优等条例,弘扬教师楷模精神,宣传团队事迹;开设教师论坛,鼓励教师们分享心得感悟等。上外附中通过一系列制度设计和活动安排,培养教师正确的价值观,引导教师树立从事教书育人工作的职业理想,形成提升自我道德素养的内在自觉。

另一方面,从外部看,注重开展师德师风专题性培训和教育活动,帮助教师明确师德师风应有的内涵,从正反两个方面的案例中科学把握新时代师德师风建设的价值。师德专题教育突出明师德要求、强"四史"教育、学师德楷模、遵师德规范、守师德底线五个方面,引导广大教师坚定理想信念、厚植爱国情怀、涵养高尚师德,建设有理想信念、有道德情操、有扎实学识、有仁爱之心的高素质教师队伍。为便于各部门组织教师开展专题学习,根据学校党委要求,教师发展中心印制《师德教育学习资料》作为师德专题教育工作参考;学校层面也专门制定了《上外附中师德师风专题教育实施方案》,有效保障了师德师风教育的成效。

在《上外附中师德师风专题教育实施方案》中,学校在深入贯彻落实习近平新时代中国特色社会主义思想的基础上,注重将总书记对新时代师德师风建设的重要指示精神,党和国家近年来制定出台的有关师德师风建设的相关制度、政策等,同上外附中教师队伍建设的实际情况进行有效关联,通过教育目标、教育内容、教育组织与保障等维度的精心设计,通过制度化的安排形成学校师德师风教育的整体性引领。

在教育目标上,《上外附中师德师风专题教育实施方案》明确指出,师德师风专题教育要着力实现三个维度的目标。其一,对标对表。即以习近平新时代中国特色社会主义思想为指导,深刻领会在教育系统开展师德专题教育的内涵意义,聚焦师德师风专题教育五个方面学习内容,落实"制定方案系统学、党员干部带头学、结合活动重点学、引导学生一起学"总体要求,不断健全系统化、常态化学习机制,使广大教师学懂弄通、入脑入心。其二,协同推进。

即专题教育与党史学习教育、迎接中国共产党成立100周年行动、"四史"学习教育、"不忘初心、牢记使命"主题教育、深入学习宣传贯彻党的教育方针等工作相衔接,与教师思想政治工作有机结合,与学生思想政治工作深度融合,引导广大教师认清肩负的使命和责任,坚持把党的教育方针贯彻到教育教学全过程,确保教师在落实立德树人根本任务中的主体作用得到全面发挥。其三,继承创新。即专题教育应注重传承学校优秀的师德传统,把握不同教师群体特点,创新教育形式与载体,坚持学做融合、知行合一,确保专题教育取得实效。

在教育内容上,《上外附中师德师风专题教育实施方案》充分考虑了当前教师职业道德建设内涵和体系上的丰富性,注重将教师职业道德建设与教师自身工作有机结合,通过五个维度的教育内容设计,有效避免了专题教育与教师日常工作相隔离的情况,让教师真正感受到师德师风建设的价值,体会到师德师风建设对于自身工作和成长的引领与促进功能。

其一,明师德要求。结合《上外附中师德教育学习资料》等资料,组织深入学习贯彻习近平总书记关于"三个牢固树立""四有好老师""四个引路人""四个相统一""六要"等关于师德师风的重要论述精神,进一步在学懂弄通做实上下功夫,内化于心、外化于行,弘扬高尚师德,潜心立德树人,以赤忱之心、奉献之心、仁爱之心投身教育事业。

其二,强"四史"教育。结合落实《上外附中党委"四史"学习教育计划表》《上外附中党委关于党史学习教育实施方案》《上外附中党史学习教育重点任务清单》和建党百年系列活动安排,紧抓"党史学习教育"主线,强化"四史"学习教育。组织主题党日、"三会一课"、专题组织生活会等,通过丰富多彩的活动形式生动开展党史学习教育,引导党员教师、领导干部学史明理、学史增信、学史崇德、学史力行,发扬党的优良传统,积极为师生排忧解难。用好红色资源开展学习教育,向教师推荐精品学习素材("献礼中国共产党成立100周年"重点剧目等),拓展渠道、创新形式,充分激发教师学习内生动力,做到不忘历史、不忘初心,知史爱党、知史爱国。

其三,学师德楷模。组织教师深入学习"人民教育家""时代楷模"、教书育人楷模、最美教师、优秀教师、模范教师等先进事迹;深入寻找挖掘并广泛宣传学习身边的优秀教师事迹,通过专题报告、交流座谈等面向广大教师生动讲好师德故事,用身边的榜样传递师德力量;同时组织教师观看优秀典型事迹纪录片和以优秀教师为原型创作的影视剧,激励广大教师见贤思齐,从"被感动"到"见行动",在全校掀起争做"四有好老师"热潮。

其四,遵师德规范。全覆盖组织学习《新时代中小学教师职业行为十项准则》《未成年人保护条例》;开展"书记、校长讲师德"活动,书记、校长在教师中开展准则的宣讲解读和贯彻落实,帮助全体教师全面理解和准确把握准则内容,实现全员全覆盖、应知应会、必会必做;将学习准则作为必修内容,全面纳入见习教师规范化培训和在职教师日常培训,抓实学习督导和效果测评,确保每位教师知准则、守底线。

其五,守师德底线。定期组织教师开展师德警示教育学习,以教育部网站公开曝光的违反教师职业行为十项准则的典型案例为反面教材,组织教师开展专题讨论,结合自身工作,自查自省,做到警钟长鸣。

为了保障师德师风专题教育的有效推进,推动学校师德师风建设长效机制的建构,上外附中从三个层面入手,建立了学校师德师风建设和师德师风专题教育的组织保障体系。首先,学校高度重视统筹推进师德师风教育工作,将开展师德专题教育列入年度工作要点,成立师德专题教育工作组,由校党委书记和校长担任双组长,成员包括党委成员、党校办、工会、学生发展中心、课程发展中心、教师发展中心、人事处负责人。工作组办公室设在党校办,具体负责日常工作。工作组负责统筹全校师德专题教育总体规划、统筹协调、宣传报道、重点推进、督导检查。其次,注重师德师风建设中的引领和宣传。把牢正确的政治方向和舆论导向,深入挖掘学校教师教书育人的典型事迹,及时报道师德专题教育开展情况和实效。通过校园网络、微信公众号等渠道,充分展现学校全面贯彻党的教育方针,强化师德教育引领,广大教师为党育人、为国育才的奋进风貌。最后,努力形成师德师风教育的长效机制。将师德专题教育内容落实到教师队伍建设的具体工作中,落实一月不少于一次集中学习研讨的组织要求,加强对高层次人才、见习教师、中青年骨干教师的教育引导,结合工作实际形成师德教育长效机制。

应该指出的是,在当下的教师队伍建设中,各学校都普遍重视对于师德师风领域的建设,倡导把师德师风作为评价教师的第一标准。但是总体而言,在对教师进行师德师风领域的培养过程中,多数学校的普遍性做法是在校本教师培训的过程中将师德师风作为一个单独的环节或者内容,通过引导教师学习先进人物的事迹、进行自我反思提升等方式,让教师通过源自内心的认同来提升道德素养。而从上述师德师风培训的专题方案看,上外附中是将师德师风作为一个单独的教师专业发展和教师培训领域进行整体性的设计的,因为有了这样一种针对性的提升,学校对于教师师德师风的建设和引领才能够被提升到一个更加重要的地位,教师自身也能够更加重视。因此,就我的感知而言,重视师德师风建设,开展师德师风领域的针对性、专门化培养培训,是上外附中在教师队伍建设,特别是教师队伍师德师风建设领域中的创造性做法,并且这一做法应该是具有很高的借鉴价值的。

二、着力提升育德意识和能力

教师能否树立起与时代发展和教育变革相适应的育德意识与育德能力,真正承担起落实立德树人根本任务的责任,这是关系到人才培养和教育发展成败的关键问题。从这个意义出发,教师育德意识和育德能力的提升既是实现教育根本目标"立德树人"的需要,也是实现课堂有效教学的需要,研究如何提升教师的育德意识和育德能力,符合当前我国社会发展和教育变革的现实需要。

我认为,在立德树人、全员德育的理念下,必须破除"德育工作仅仅是德育教师或者班主任"的私人工作的旧有认识,要发挥每一个学科教师的德育价值,只有如此,才能建立起完整有效的学校立德树人系统。然而,从当前教师专业发展的内涵体系和实践路径看,尽管普遍关注到了道德层面的构建,但是这种关注更多的是要求教师提升自身的道德素养,而忽视了教师育德意识和育德能力的提升。在制定学校教师队伍建设规划、课程建设方案和学校整体发展规划的过程中,学校对教师育德意识和育德能力的培养工作给予了特别的重视,专门通过问卷、访谈、座谈等方式,了解了学校教师参与德育工作的实际情况。

根据调查,近年来,随着立德树人教育根本任务的不断落实,学校德育工作得到很大改善。着眼德育有效性的提升,学校围绕教师职业道德、教师学科德育实施等问题开展了一系列培训,教师对于德育重要价值的认识普遍比较到位。但是,学校德育的实施上依然存在两个方面的突出问题:其一,有的教师没有形成正确的育德意识,没有认识到自身工作的道德教育责任和道德教育价值,特别是非德育学科的教师,没有对自己应该承担的道德教育任务形成合理认知;其二,很多教师缺少与时代发展和教育改革需要相适应的育德能力,学校在培养教师育德能力的过程中也往往采用比较零散单一的方式,缺少相应的规范课程和合理机制作为支撑,教师育德能力提升培养的实效性难以令人满意。基于这些问题,学校一方面在着力提升教师自身职业道德的基础上,着力变革校本研修体系,在校本研究中扩充学科德育等内容,引导教师思考教学和管理过程中渗透道德教育的有效方式;另一方面,结合课程思政改革和新课程标准的落实,引导教师深入思考在新时代教育改革背景下外语类学校应该如何践行立德树人,如何发挥学科教学的育人价值。各学科教师围绕学科教学的特点,在教学设计、实施和评价的过程中,主动融入德育和思政教育元素,探索出了外语类学科立德树人的有效方法。目前,依托学科德育践行立德树人的教育根本任务,已经成为上外附中所有教师的共识。

第三节 契合专业发展,注重教师 队伍的分层性培养

从教师专业发展的研究和实践看,主要存在两种基本取向:一种是从横向分析教师专业发展的内容体系,一种是从纵向分析教师专业发展不同阶段

的特征。^① 近年来，随着教师专业发展研究与实践的演进，从总体角度分析教师专业发展的阶段性特征，进而倡导建构一种契合教师专业发展阶段性特征的有效教师培训体系，越来越成为一种共识。

20世纪50年代中后期，富勒运用"教师关注问卷"对教师不同成长阶段的关注重心进行了研究，分析了教师在生涯过程中所经历的从关注自我到关注教学任务，再到最终关注学生的转型。这一研究引发了学界对于教师生涯周期、生涯阶段等问题的关注。国内外学者普遍注重运用量化分析的方式，试图揭开教师专业成长的阶段性秘密，比较有代表性的如富勒的关注水平阶段理论，高瑞克、麦克唐纳、冯克等人的教师生涯四阶段理论，休伯曼的教师生涯五阶段理论等。我国学者叶澜、白益民、申继亮、林崇德等也提出了相应的教师专业发展阶段理论。尽管这些研究的结论不尽相同，但是都形成了一个普遍的认识：处于不同成长阶段的教师有着差异性的专业成长需要，在建构教师专业发展支持体系的过程中，需要了解这种需求上的差异并进行针对性的设计。

从学校自身出发，既要关注教师的外显行为，更要关注教师的内心世界，特别是要基于教师生涯发展的不同阶段特征来理解和支持教师，更好地促进教师成长。基于这样的理解，上外附中始终坚持，在加强教师队伍建设，促进教师专业发展的过程中，必须注重不同生涯阶段教师的个性化成长需要，采取针对性的措施促进不同生涯阶段教师的有效成长。

教师专业发展阶段理论是当前教师专业发展理论体系的重要组成部分，其给予学校教师队伍建设的核心启示是每一个发展阶段的教师都有其不同的发展基础、发展目标和发展需要，学校要在全面、深刻研判不同发展时期教师独特发展需要的基础上，设计契合教师需要的支持体系。从教师专业发展的阶段理论出发，结合学校教师队伍建设实际情况，上外附中对于不同层次的教师的专业发展需求，也采用分层分类的培养方式，组织和制定了阶梯式的、多样的培养路径体系。

---

① 朱旭东.教师专业发展理论研究[M].北京：北京师范大学出版社，2011：281.

一、开展高端教师梯队建设，带动教师队伍整体跃升

学校的教师队伍建设有其层次性，处于顶层的是一定数量的优秀教师、卓越教师，这部分教师队伍的建设有其独特意义。这部分教师是学校整体教师队伍建设中最具有辐射影响价值的群体，从某种意义上说，真正的教师专业发展不能够局限于教师能力本位的发展，而是教师基于现实情境的"实践智慧"的发展[①]，因此，优秀教师的榜样示范作用不可忽视。因此，通过有效的培养机制，培育一定数量的卓越教师，对于学校发展而言意义重大。卓越教师之所以"卓越"，不仅在于其自身道德水平、教学能力、育人成效等层面的优秀表现，更在于其对教育初心使命的坚守，对唤醒生命自觉的主动意识。这意味着卓越教师不仅是一个独立的存在，也能够提供教师队伍建设的独特的精神与榜样引领。根据这样的认知，上外附中通过高端教师梯队建设，打造属于学校的卓越教师，既提升学校整体教师队伍建设的影响力，也带动全体教师的共同专业发展。

为了推动高端人才的培养，学校制定了《上外附中校级骨干人员评选和认定条件》《上外附中教师专业人才梯队考核实施细则》，逐步组建名师及骨干教师团队，使之成为引领和带动全体教师专业化发展的推动力量，通过"自主申报—学校评定—专业发展—指标考核—评价反馈"的途径明确各梯队对象的具体工作任务和要求，推动学校教师专业人才梯队的发展，保障高端教师梯队工作的有序开展。

学校还制定了《上外附中教学科研成果奖励办法》，鼓励各学科教研组积极承担教科研部门和学校指定的课题研究任务，开展教育教学改革的实践探索；选择课程改革和教学实践中的难点、热点问题，结合学科特点开展微课题研究；同时大力鼓励教师及时梳理教学经验、撰写教育教学论文、提炼教研成果，并在组内交流研讨的基础上结集出版。现在，学校已在市、区、大学立项

---

① 于文华，喻平.榜样的效能：缄默知识视阈下的教师专业发展[J].教师教育研究，2010，22(02)：49-53.

的课题项目有 24 项,正在申报的有 7 项。学校以各级项目课题研究为抓手,培育研究型名师,同时带动青年教师的成长与发展。

学校还积极推进"上外附中学科导师建设",以推动高级教师的进一步专业发展,通过落实高级教师与青年教师的校级师徒结对带教制度,更好地发挥高级教师在教师队伍中对青年教师的引领示范作用。

二、着重青年教师岗位培养,夯实学校发展有生力量

青年教师是学校发展的有生力量,也是最具有生命力和战斗力的教师群体,尽快提升他们的教育教学和管理实践能力,帮助他们打造自己的教学和管理品牌,提升他们的学科教学影响力,这是学校对青年教师培养培训的整体性目标。基于这种目标,青年教师的岗位培养主要以"研训共同体"中的"以赛带训""以教带训"的活动形式展开。

为加快青年教师成长的步伐,督促教师磨炼内功,学校制定《上外附中青年教师基本功比赛方案》,通过比赛督促青年教师自觉学习,磨炼内功,使之成为具有新课程改革意识和行为的骨干教师,打造一批基本功过硬的教师队伍。基本功比赛为入校 2～5 年内的青年教师搭建了一个锻炼自己和展示风采的平台,通过比赛打造一批基本功过硬的青年教师队伍,进一步促进学校青年教师整体素质的提高。这一比赛分三年六个学期推进:第一学期内容为三笔字书法,第二学期为单元教案撰写与说课,第三学期为结合学科特色的信息化设备功能的开发使用,第四学期为教学反思与教学随笔,第五学期为命题与双向细目表制作,第六学期为公开教学展示评比与论文撰写。赛前有培训,赛中有评定,赛后有总结,六个学期三年连贯成系列,以此夯实青年教师的基本功。除了基本功大赛之外,学校每年还会进行 35 周岁以下的青年教师的教学评比。

结合学校培养目标和特色活动,组织教师研究"主题式项目化学习",并进行公开教学研讨展示。以 2019 学年国际文化节的"非洲生"主题的项目化教学为例,共有 19 个学科组 23 名青年教师参与展示。此类公开教学展示与

研讨已日益成为学校青年教师提升教育教学水平的重要途径,也是校本研训的重要组成部分。

三、推进见习教师规范培训,推动教师走向专业发展

新教师或者说见习教师,是教师队伍建设的新生力量,决定着教师队伍建设的未来空间和可能,因而学校在培养和培训上也给予了特别的思考和重视。大约从 20 世纪 80 年代开始,新教师的专业成长成为一个独立而又长盛不衰的研究领域。正如国际教育大会第 45 届会议通过的《加强教师在多变世界中的作用之教育》报告所指出的,必须对新加入教师队伍的新教师给予特别的关注和支持,因为这一时期的工作对其今后的职业生涯有决定性的影响。[①]

按照劳森(Lawson)等人的理解,教师的成长,不仅意味着角色的转变,更是一个包含新教师和资深教师及其所处的错综复杂的关系的多维互动过程。对于新教师而言,尽管在正式成为教师之前,他们普遍接受了正规的师范教育,但是这大都是在与中小学真实教育现场相隔离的环境中所经受的训练,他们对于"怎么教"的实践性知识和技能往往难以真正掌握,[②]因而迫切需要师徒带教提高其教学和管理业务水平。基于这样的认识,我认为,见习教师的培养培训,应该与其他层面的教师有很大的差异,其重点应该放在激发教师的立德树人意识,提升教师适应岗位的教学、管理能力,以实践素养的提升帮助新教师尽快缩短入职适应期,尽快走向专业发展的康庄大道。

整体而言,对于新教师的专业支持路径主要包括培训制、带教制、项目制、个人研修制等,其中对于新教师的专题培训是最常用的方式。上外附中是虹口区中小学(幼儿园)见习教师规范化培训基地校,对口上外附中本部、上外第一实验学校和上外东校的见习教师规范化培训。近年来,学校在开展

---

① 联合国教科文组织.全球教育发展的历史轨迹——国际教育大会 60 年建议书[M].赵中建,等译.北京:教育科学出版社,1999:530.
② 王洁.从"师徒带教"到"团队成长"——基于上海市部分新教师专业成长调研的思考[J].教育发展研究,2009,29(24):67-71.

见习教师规范化培训过程中,以"立德树人"为指引,对见习教师规范化培训和见习教师专业化成长的目标体系、路径体系等进行了系统性的设计。

从见习教师规范化培养的目标体系建构看,上外附中希望通过有序、有效的见习教师规范化培训,在实现见习教师自身专业成长的同时,也把学校打造成为具有区域知名度和影响力的教师专业发展学校,凸显学校在教师培训,特别是在青年教师、见习教师教育培养中的独特设计和思考。具体而言,学校希望通过见习教师的科学培养,进一步激发入职教师爱岗敬业、勤勉治学的热情,提升见习教师信息技术条件下的教学能力和学习指导能力,整体提升入职教师基本专业知识与能力;进一步提升学校作为基地学校的培训能力和水平,结合学校外国语教育特色实际情况探索和创建教师培训模式与特色,向兄弟学校辐射教育教学资源,协作共赢;进一步传承和发扬学校作为老牌外国语学校的教育教学特色,并根据新时期培育核心素养,落实新课程方案的具体方针,紧紧围绕学校在新时期的发展定位和战略,以培养和建设与学校地位相匹配的国际化师资人才队伍为总目标,设计并实施见习教师培训工作,为学校培养新一代青年教师作出贡献,为学校发展提供持续动力。

从见习教师培养的实践操作看,学校逐步打造和完善基地校见习教师培训的平台,包括培训需求调研体系(见习教师的需求调研、组织学习与发展需求的调研、培训绩效分析等),见习教师能力培养体系(基本素养能力培养、职业生涯通道、基于个人和组织的培养设计、师徒指导与朋辈指导等),资源池建设(校本经验案例管理、培训师资培养、引进与管理、资源平台的开发、合作交流等),课程体系建设(培训课程研发、课程评估与改善等),构建见习教师的能力素质基础模型,将需求调研的结果落实为实际培训中知识、技能和态度的要求。同时,在基地校集中开展规培活动的基础上,适当增加具有学科特色的或者专业性较强的小型工作坊活动,供学科教师和有需要的学员参与,弥补总体性培训针对性不足的缺憾;进一步尝试利用在线学习平台进行见习规范化培训的过程性记录,实现培训过程记录的电子化、自生成化。

（一）设计基于见习教师学习动力的培训策略

教师的不断学习是教师专业成长的必然趋势，在培训过程中关注见习教师学习驱动力的形成、学习能力的提升，也是见习规培的基地校需要在培训中考虑的内容。

有学者将学习动力的构成划分为智力因素和非智力因素的两个方面，见习教师在职初阶段的学习动力主要由自身成长需要、工作态度、个人兴趣、自信心、情绪和策略、认知能力等组成，也会随着见习教师个人工作经验的积累、能力的提升和心理倾向的变化发生变化。所以，在基地校培训过程中，需要通过合理的管理机制、课程设置、评价跟踪等环节，挖掘见习教师的潜在学习动力，在培训中激发和维持见习教师的学习动力，通过评价和沟通反馈学习动力。

见习教师作为刚入职的新人，其实是具有巨大的潜在学习动力的，他们通过高等院校的深造，加上社会经验阅历、对于教育教学的理念和对于教育事业的尊重和热爱，使他们本身就具备巨大的内驱动力，只是这些潜力可能还处于潜意识的状态、未激活的状态，需要通过合理的引导和激发才能表现出活跃的状态，这也是需要见习规培工作的重要原因之一。所以，从教师的潜在学习动力出发，见习规培必须对见习教师的实际需求有一定的了解，在此基础上制定有针对性的培训计划；把握见习教师的前置教育教学理念，在实践过程中因势利导或是纠偏纠错；帮助见习教师自我分析，全面认知自我，调整学习和工作状态。在岗前培训、课程设置和在岗指导中，学校都设计了相关的板块。

潜在的学习动力是见习教师学习发生的基础，在培训中重要的是能够通过一定的培训情境和真实体验将见习教师的潜在学习动力转化为显性的活跃的学习力。在培训方面，基地校在了解了见习教师需求和兴趣的基础上，开展培训活动，一方面，通过指导教师的实践帮助他们快速改进教学习惯，提升教学成效，让见习教师体会到教育教学的成就感，激发他们追求成就的学习动机；另一方面，通过真实情境案例的讨论、老教师的走访、考核挑战任务等激发见习教师认同教育的心理,使其认识到学习和培训的迫切性和重要性,自发自觉地投入培训中。

学校良好的校园文化、人文环境、优良的师资和丰富多样的各类资源是维持见习教师持续学习动力的重要保障。学校通过举办校园运动会、国际文化节、中国文化节等一系列多样的校园文化活动,让见习教师感受到校园文化的多样化;每学期多场名家讲座也让教师们开阔眼界;开展的教师心理工作坊、班主任工作坊、青年教师沙龙,更从见习教师的实际需求出发,探讨解决教师们在实际工作中的问题的方法。这些显性的或是隐性的学校文化,从一定程度上帮助见习教师克服不利因素,维持稳定的学习动力。

学习不是一个单向输出的过程,见习教师在经过培训之后,还需要及时反馈学习成果,在日常教育教学中提升实效,并通过反馈继续改进和学习,形成一个良性的循环。基地校通过线上自学习平台跟踪和记录见习教师的学习培训过程,见习教师也可以通过记录回顾自己的成长轨迹;在日常教学中,由指导教师、教研组和年级组同事、学校行政部门对其课堂教学和德育工作进行反馈评价;学期结束还会有阶段性的考核,帮助见习教师及时梳理和反思。

(二) 制定培训常规及要求

为了帮助带教教师和见习教师明确规培工作的相关任务,学校制定了细致的培训常规及规范要求。

首先,带教教师与见习教师相互听课,带教教师对见习教师的课堂教学设计与实施情况给出点评和改进要求,频率不低于每月 4 次;见习教师每月须在校内开设 1 节展示课,并由带教教师填写《学科带教情况反馈表》。

其次,每学期见习教师上交本人听课笔记。见习教师每周听课应当不少于 2 节(含校内外专项展示课),并认真完成听课记录及撰写听课反思,每学期带教小组收取并检查见习教师听课情况;在见习期内,学年内完成教育教学类书籍阅读至少 1 本,完成读书笔记 1 篇(可按照推荐篇目,也可自选)。

再次,每年 6 月末,高中年段见习教师完成最近一次高考试卷或模卷;初中年段见习教师完成最近一次中考试卷,并完成试卷评析一篇;每学期在带教教师指导下参与阶段测验命题1～2次。

最后,在以下几个方面做好练习并准备好参加见习期满转正考核:课堂教学设计与实施,德育管理知识与技能,适用于学科教学的信息技术,说课(含演讲技巧),三笔字(毛笔、硬笔、粉笔)等多项考核,参加虹口区见习教师培训相关活动并完成相应的任务。

(三)设计开设丰富的培训课程

结合虹口区教师进修学院关于见习教师规培中开设四大板块课程的具体要求,上外附中制定了包含学科教学培训和德育管理培训五大模块的校本见习教师培训课程体系:职业感悟与师德修养、课堂经历与教学实践、班级工作与育德体验、教学研究与专业发展、校本化特色课程。每学年,学校都会根据现有资源及培训实际需要特邀国内外专家及高端人才为教师们开设培训讲座或工作坊。同时,为了满足见习教师的实际需求,在具体的见习教师培训中还动态地增加了基于实践案例的工作坊、青年教师沙龙等活动。见习教师通过一个个在实际工作中发生的案例分析,与青年教师面对面地沟通交流,突破自己在教育教学工作中碰到的难点问题。

表5-1 上外附中见习教师规范化培训校本课程体系

模　块	培　训　内　容	课　程　名　称
职业感悟与师德修养	1. 制定个人参加见习规划培训计划书	见习教师岗前培训暨师徒结对仪式
	2. 读一本教师职业生涯或师德修养方面的书籍,写一份读书心得	师德类读书心得
	3. 完成见习教师职业生活体验随笔	一事一得演讲
	4. 撰写见习教师规范化培训总结	见习教师规范化培训结业式
课堂经历与教学实践	5. 通读本学段学科课程标准,撰写学科认识专题发言提纲	基于核心素养的非通用语种课堂教学:课程结构与内容设计——以德语学科为例

续　表

模　块	培　训　内　容	课　程　名　称
	6. 重点记录观摩课，撰写观课报告	单元视角下的课堂教学 单元教学分析与观课指导 （一）
	7. 做好观课记录	
	8. 做单元教材分析，撰写教案、板书设计、说课提纲	
	9. 设计单元学生作业	
	10. 设计单元测验卷或综合练习，并进行质量分析，包括期中或期末考试质量分析报告	命题基本技术和考试评价
	11. 观摩点评其他教师的课	单元教学分析与观课指导 （二）
	12. 试教	课堂中教师的基本素养
	13. 设计拓展课、选修课	拓展选修课的设计与管理
班级工作与育德体验	14. 召开班干部会议、学生座谈会、家访	班干部培养与学生习惯养成
	15. 策划并主持主题班会、班级社会实践活动	主题班（队）会教学设计
	16. 写班级情况分析，学生个案分析，学生学期综合评价短语	班主任日常管理经验分享
教学研究与专业发展	17. 读书笔记	研修成长故事
	18. 策划、主持备课组活动	
	19. 个人三年专业发展规划	
校本化特色课程	20. 文化浸润培训——校史培训	外国语学校的历史与使命
	21. 教学技能培训——日常教学的信息化赋能	信息化教学初步应用
	22. 文化浸润培训——外事交流	外事工作规范要求
	23. 综合素养培训——"三笔字"培训	"三笔字"培训
	24. 育德能力培训——名家讲坛	名家讲坛
	25. 文化浸润培训——社团	学生社团建设和管理

（四）搭建学校见习规培管理体系

上外附中校内教师培训工作一贯受到学校领导的关心和重视，并在各级部门和全体教师的支持下扎实、细致地开展各项工作。

每年 6 月份，学校都会将下一学年度的见习教师培训工作列入新一轮工作计划，并建立由校长挂帅、分管领导具体牵头的"见习教师带教培训工作小组"。由教师发展中心负责具体计划并在相关部门的协助下落实细节，与市、区师训部门做好对接。依托基地校见习教师培训的各方面资源，继续沿用"互联网＋跨校区"的线上线下融合的培训体系，利用 UMU 互动学习平台打造在线培训交流和评价跟踪系统。

（五）优化见习规培评价方式

根据虹口区进修学院师训处的统一布置，结合上外系列学校一贯的特色，学校布置对见习教师的考核。基地校对见习教师的考核参照"过程性评价"和"终成性评价"两个维度进行。

过程性评价根据区见习教师培训管理规定和基地校、聘任校关于见习教师培训的相关要求，规定见习教师在见习期内无有违师德的行为及言论，每周跟随基地校及聘任校完成听课、备课、撰写教学反思、见习班主任、培训课程等所有任务，出勤率在 90％以上，并完成《上海市中小学（幼儿园）见习教师规范化培训手册》以及《虹口区见习教师规范化培训基地学校考核表（中小学）》。

终成性评价考核内容涵盖课堂教学展示、教学设计评比、演讲与口才（说课）、课堂教学信息技术运用、教师书法作品展示、教学科研六大板块。

随着信息化建设的不断推进，学校在见习教师培训考核工作中也进一步推进信息技术运用。在近年来的见习教师规范化培训评价中，学校进一步推动 UMU 在线平台的使用，保留所有见习教师在规培中的过程性记录，为评价和考核工作提供佐证材料和量化依据。

第四节　面向职业生涯，注重教师队伍的持续性思考

学校的教师队伍建设和教师专业发展工作，是一个常做常新的工作。"人无远虑，必有近忧"，对于教师队伍建设也是如此。作为学校管理者，校长必须要有一种忧患意识，在分析总结教师队伍建设优势与不足的基础上，结合新时代教育改革发展和教师队伍建设的趋势，对未来教师队伍建设进行持续的研判和思考，推动教师队伍建设不断开拓创新。

对于上外附中而言，要进一步加强教师队伍建设，需要寻找到新的立足点和突破点，其中特别需要关注的问题包括以下几方面。

一、唤醒教师的专业自觉，形成专业成长持久动力

教师专业发展不是外在强制性力量的束缚和约束，而是教师内化的自身追求，教师清晰、明确而长久的专业自觉是其专业成长的持久动力。教师专业自觉是指教师对自己所从事的教育工作的专业性的清晰体认，明确教师专业的特点和发展方向，形成坚定的教师专业信念和崇高的专业理想，主动维护教师专业的声誉。[①] 倡导教师专业发展，就是要激发教师内在的专业自觉，让教师成为自我发展的主动思考者、设计者、实施者和达成者。特别是对于大城市的教师而言，他们普遍生活条件比较优越，对于职业领域发展的外部压力感受不够明显，专业自觉性的激发和保持存在很多局限。这种情况在青年教师群体中尤为明显。因此，对于学校而言，未来的教师队伍建设中，如何激发教师，特别是青年教师的专业自觉，将是一个严峻的命题。

---

① 曹长德.论教师专业自觉[J].安庆师范学院学报（社会科学版），2009,28(03)：26－31.

二、培育教师的文化自信,增强教育改革文化认同

当前,中国经济社会发展进入新的历史方位,如何坚守"四个自信"成为社会普遍的话语体系和认知方式。在"四个自信"中,文化自信是一个非常重要的领域,它是维持国家发展和社会稳定的重要根基,反映了国民对于本国文化的内在认同,也蕴含着一种淡定从容的力量和文化创新创造的活力。① 对于一个国家而言,文化自信体现在很多领域,其中教育的改革发展是文化自信的重要支撑和重要表现。新时代的中国基础教育要坚持文化自信,一方面,要注重将中华传统文化通过课程建构的方式纳入国民教育体系,特别是把历史文化、国情、社会主义核心价值观等领域的教育放在突出重要的位置;另一方面,要借助教育国际化,扩大教育的对外交流,利用教育的力量传播中国声音,讲好中国故事,扩大中华文化的世界影响力。

教师专业发展的研究始于 20 世纪 50 年代,目前形成的思维和界定方式还是遵循西方的话语体系。在新时代,学校急需形成教师专业发展内涵的"中国式"理解。这种理解应该凸显三个特点:中国文化倡导尊师重教,强调教师的道德教育、社会责任感和人文情怀,强调教育中人际关系的亲密性,更具"人情味";中国文化注重团队合作,重视集体对教师发展的意义,通过体制化、组织性的方式推动教师学习,更有"组织意识";中国文化强调教师的国家责任和社会责任,教师的作用价值是被放置在国民族的命运、社会的发展、天下太平这样的层面去认识的,更具"家国情怀"。教师专业发展的实践中,如何形成具有国际影响力的策略,既需要国家层面、区域层面的整体设计,也需要每一所学校的个性化探索。对于外语类学校而言,如何让教师在感受国际文化的同时加深对本土文化的认知和自信,通过自己的劳动促进中华文化的国际传播,是教师队伍建设需要关注的问题。这不仅有助于提升教师自身的专业素养,也将以教师之力促进民族的文化自信。

---

① 周琼.新时代坚定文化自信的时代价值及实践路径[J].邢台学院学报,2020,35(02):15-20.

三、提升教师的研究意识,推动教书育人品牌培养

很长时间以来,社会对于教师角色的定位有一种偏见,那就是教师的主要任务就是执行上级和学校的课程教学决策,忽视了教师工作的研究属性和创新价值。实际上,教师以一种怎样的状态来对待教育教学事务,不仅关系到教师专业成长,也在很大程度上决定着教育教学和人才培养的质量。从当前教育改革发展的趋势看,"教师成为研究者"这一极具有感染力的口号如今已经逐渐深入人心,日益成为中小学教育、教师教育改革中的研究热点领域和努力的方向。

上外附中在理念上坚持,能够把课上好,把学生教育好的教师,可以算得上合格的教师,但是要成为一名优秀乃至卓越的教师,必然应该是有研究意识的教师。教师要能够在教育教学的实践中发现问题并开展研究,通过研究改善自己的教学和管理行为,塑造自己的教书育人品牌,促进自己的专业成长,这是当下和未来学校教师队伍建设的又一个重要领域。

一线教师的教育研究不同于专门的教育理论工作者,有着实践性、微观性等特征。一方面,教师的教育研究行为应该具有实践性特征,教师开展教育科研活动,本质上不是为了丰富教育教学理论,而是为了解决教育教学实践中遇到的具体问题,要找到具有实践价值、辐射价值的,化解具体教育教学和管理问题的方法与路径。另一方面,教师的教育研究行为应该具有微观性特征。对于一线教师来说,他们的时间、精力以及整体上的教育理论储备情况决定了他们不宜从事大规划的宏观性课题研究,教师的教育科研活动应该注重从细节入手,从小课题入手,体现研究的微观属性。[1] 基于这样的认识,上外附中在改革发展和教师队伍建设的过程中,非常注重引导教师结合教学、管理、育人实际,从实践活动中寻找研究的命题,通过研究改善教育教学和管理质量,促进教师专业发展。近年来,学校先后承担各级各类项目三十余项,在学校形成了浓郁的科研兴校、科研兴教氛围。

---

[1] 刘涛.教师成为研究者:急需澄清的三个问题[J].教育发展研究,2012,32(12):58 - 63.

表 5 - 2 上外附中近年来承担的主要科研项目

项 目 类 型	项 目 名 称
市教委科研项目	1. 以核心素养为导向的外语学校国际化特色课程改革 2. 基于新课标的校本教学资源开发 3. 扩大基础教育优质资源行动
上海市英语教育教学研究基地科研项目	1. 起始年级英语课程创新与改革研究 2. 英语口语教学中核心素养的培养探究与实践
上海市中小学心理协会项目	1. 积极心理视角下外国语学校高中生涯教育校本课程的开发 2. 基于朋辈辅导理念的高中心理社团培养模式的研究
上海外国语大学一般项目	1. 基础教育阶段多语学习者语言学习预测研究和测试设计 2. 双外语学生基于三语译介活动的多语教学模式探究 3. 中学英语教学中的"中国文化"映现策略研究 4. 多语种中学生阅读教学策略研究——以中国古典四大名著的"整本书阅读"为中心 5. 国际课程历史教科书中的中国史叙述——以美国 AP 教材为例 6. 上外附中社团体系化的探索与实践 7. 互动电子白板教学案例的设计与分析 8. 基于教学需求的单词软件系统开发 9. 上海地区现行中学各科教材所蕴含的历史观念考察研究 10. 基于科学思维素养培育的中学自然科学学科自然诠释教学活动设计 11. 中学德语二外学生多元文化意识培养模式探究
虹口区教科研项目	1. 中学西班牙语教学中应对英语迁移问题的策略与方法研究 2. 外语类学校学生语言潜能科学化评测研究 3. 中学德语教学中跨学科知识渗透的策略研究 4. 上外附中社团体系化的探索与实践 5. 国际教育中的中国文化渗透研究——中国古诗赏鉴吟唱校本教材研发 6. 外语特色学校国际课程的校本化实践 7. 以多语种歌曲对比教学为媒介的多元文化意识培养模式探究 8. 上外附中馆校合作项目的校本化实践研究 9. 初中古典诗歌鉴赏教学策略的探索与研究 10. 基于英语教学需求的单词软件开发 11. 上海初高中历史教学实现有效衔接的探索与研究 12. 馆校合作模式下初中信息科技校本课程的设计——以上海科技馆博老师项目为例 13. 基于戏剧项目化学习活动的结构化设计 14. "双新"背景下高中数学单元教学评价研究 15. 指向创造性问题解决项目化学习设计与实施

同时,为了有效激发教师参与科研活动的积极性,保障科研工作的规范性,学校也持续加强科研管理制度建设,建构良性的科研秩序。比如,《上外附中教育教学科研课题管理办法》对教师科研课题的申报、过程管理、结题鉴定等进行了相应规定,明确要求"学校教师应根据学校办学方向和培养目标,积极参加教育科研活动","凡被学校确认立项后的课题,正式列入本校课题管理中,学校在人力、经费等方面给予支持"。《上外附中教育教学科研课题管理办法》建构了完善的课题研究过程管理体系,明确了课题研究过程管理的三个基本原则:其一,凡通过立项的课题研究的负责人应按照课题实施计划开展研究,并按研究阶段提交课题进展报告;其二,课题管理部门根据所提交的进展报告进行审核,根据审核情况,对课题计划可进行适当的调整,或继续按照原计划进行,或终止进行;其三,对课题组在研究过程中的问题,教师发展中心协助解决。再如《上外附中教学科研成果奖励办法》旨在充分调动教师参与科研项目的积极性,对教师参与科研活动的成果奖励范围、奖励标准等进行了明确界定,解除了教师参与科研活动的后顾之忧,也进一步浓郁了学校的科研氛围。

着眼未来,学校将进一步加强在教科研领域的投入,一方面,调动教师的积极性,将教师成为研究者的理念渗透到每一个教师的专业成长过程之中;另一方面,着力提升教科研的层次,争取更高层次的科研项目立项和科研成果发表。

四、塑造教师的信息素养,驱动教学管理创新发展

教师的信息素养,也叫教师的数据素养,是信息时代教师更好地适应教书育人工作的必备素养。从概念上说,教师的数据素养是教师在接触教育数据时所体现出来的一种综合能力,它包含数据意识与态度、数据基础知识、数据核心技能以及数据思维方法四个方面。[①] 教师数据素养的内涵是丰富的,

---

① 刘雅馨,等.大数据时代教师数据素养模型构建[J].电化教育研究,2018,39(02):109-116.

但是对于中小学教师而言,最为重要的是形成数据的收集运用意识以及在实践中能够通过合理分析利用数据进行教学和管理领域的变革创新。

近年来,随着线上教学的探索和学校对教育信息化工作的重视,提升教师的数据素养已经在学校的整体谋划和推进中产生了一定的积极效能。学校也专门组织开展了对全体教师的信息技术针对性培训,培训的总目标是:全面提升教师的信息化教学能力和信息化应用指导能力,构建"面向未来、整校推进、融合创新、精准服务"的新时代教师信息素养培育的长效机制,全面推进信息技术与教育教学的融合发展,推动数据支持下的因材施教教学模式改革。培训主要着眼于教师信息技术的运用能力,围绕三个方面开展:其一,引导教师掌握和利用本校信息化应用环境或有效获取社会性的信息化工具,开展日常教育教学,实现跨学科融合教学能力的提升,完成各类智能交互平台上运用的课件及配套教学设计一份;其二,引导教师初步掌握数字化教育教学资源的获取和应用方法,尝试开发信息环境支持的课程资源,开展线上线下相融合的教学实践,完成运用各类平台进行线上线下融合的教学案例一份;其三,引导教师初步掌握数据采集和分析的策略和方法,提升全体教师运用学习工具和学习数据开展课堂教学设计、实施、评价和学习指导的能力,进行一次基于大数据分析或人工智能融合的学生学习情况评价。

整体而言,教师的数据素养是一个从意识到行动的系统工程,单纯依靠一次主题培训难以实现教师数据素养的全面提升。毫无疑问的是,信息技术的广泛运用、大数据时代的到来将会在很大程度上重塑教育的样貌,而人们习以为常的传统教育方式将会实现与现代技术支撑的网络教育的无缝衔接。这一方面会让教师能够有更便捷的方式从网络上获取教育教学和自身专业发展的资源,为未来的课程教学和人才培养方式变革提供更多可能。另一方面,也必然需要教师不同于以往的能力素质作为适应未来教育教学的支撑,其中数据的合理收集、分析与运用素养对教师而言是最为关键和迫切的。着眼未来,在教师队伍建设的过程中,要着力从数据素养培养的角度来完善教师专业发展的素养体系,帮助教师建构更加适合未来教育发展的成长体系。

教师队伍建设是上外附中整体改革发展的重中之重，也是人才培养质量的有效保障。因为在教师队伍建设中的一系列设计和实践，学校的教师队伍建设近年来取得了丰富的成效。据不完全统计，"十三五"期间，学校已经建立起以上海市"双名工程"入选人员为核心的教师专业化发展团队，逐步建立起了梯级人才培养序列：上海市第四期"双名工程"高峰计划主持人1名，攻关计划后备人选14名，种子计划主持人3名，种子计划成员18名；虹口区学科高地理事长1名，区学科带头人3名，区骨干教师13名，区教学能手22名，区教学新秀11名；校级骨干41名，总计129人次，70人入选市、区、校各级人才梯队；3名教师入选虹口区高端人才研修班；教师参与市、区、校级课题研究130余人次，在区级以上刊物发表研究成果及论文130余项；每年基本功大赛，青年教师课堂教学展示课50余节，评选校级一、二、三等奖若干，每学期在校级以上教学教研活动中进行公开展示20余节；每年在学校完成见习规培的见习教师均参加区级见习教师基本功大赛，均取得非常优异的成绩，其中多名教师代表虹口区参加上海市见习教师基本功市级决赛，并获得市一等奖、三等奖的好成绩；学校多位指导教师被授予市、区优秀带教教师称号，学校也获评上海市见习教师规范化培训优秀组织奖、虹口区优秀见习教师规范化培训基地校。

不仅如此，学校作为全国外国语学校工作研究会长、理事长单位，在外语学科的建设和发展上一直起着引领和示范的作用，"十三五"期间先后接待了香港喇沙书院、厦门外国语学校、云南丽江一中、海南上外三亚附中、山东泰安市英语骨干教师团等多个来访团队，交流和分享在英语学科及非通用语种学科建设上的经验，共同探讨外语教学发展中有关教学方法、测试评估、教材选用、科研课题等一系列问题的最新趋势。

学校在深化外语品牌特色的基础上，积极发挥优质教育资源的辐射与带动作用，通过输出优质师资或合作办学的方式，先后与上海外国语大学附属宝山双语学校、深圳上海外国语大学附属龙岗学校、海南省上外三亚附中、上海外国语大学松江外国语学校、上海外国语大学附属外国语学校松江云间学校等学校开展合作。

学校还与云南省丽江一中签订对口帮扶协议,利用自己的区位优势、学科优势和师资优势在师资培训、课程建设等领域开展帮扶。2020年,学校组织英语组3名骨干教师暑期赴丽江为丽江市中学骨干英语教师进行集中培训。2021年,云南省丽江一中的一位英语教师进驻上外附中一年,开展浸润式学习。

有什么样的教师,就有什么样的学生。从具有国际胜任力的预备英才的培养角度看,上外附中还需进一步提升教师的国际视野、综合素质、人格魅力。让优质教师陪伴学生高质量发展,始终是上外附中不变的追求,学校将在教师队伍建设上持续探索,不断创新,以高质量专业化教师队伍支撑学校特色发展,培养参与全球治理的预备英才。

第六章

学 生 培 育

——增添具有国际胜任力的预备英才培养之色

　　教育永远都应该有道德目的,如果学校和教师仅仅关注教育教学活动的知识传递价值,而忽视了其中的道德要求,那将是不负责任的。我们对具有国际胜任力的预备英才培养的理解,那就是这类人才不能仅有知识、能力,也要有仁爱之心、奉献之心。这实际上也就意味着我们对于具有国际胜任力的预备英才的培养,整体上既要关注他们能力素养方面的培育,也要关注他们情感、道德、价值观的培养。

人是教育的原点，也是教育的归宿，发展人、培养人、成就人，是教育本质的核心体现。正如教育家顾明远所言："如果从生命发展的视角来说，教育的本质可以概括为：提高生命的质量和提升生命的价值。"[①]围绕教育的本质问题，人才培养始终应该是学校的核心工作。对于学校教育而言，人才培养不是一个孤立的工作，需要与时代发展、社会需求和整个教育改革发展的整体趋势相匹配。如何准确把握新时代我国基础教育改革发展的整体趋势，创新人才培养的理念和路径，真正培养德智体美劳全面发展的高质量人才，这是摆在任何一所学校和每一个教育工作者面前的共性问题。

当今时代的学校发展和人才培养越来越追求特色。从某种程度上说，学校的任何工作都是围绕和服务人才培养开展的。不论是独特的学校教育哲学的厘定，学校层面个性化的课程体系建构，教学领域的改革创新，教师队伍建设，还是学校整体的制度建设、管理创新、文化建构等，实际上都是为人才培养提供支持和保障的，这是每一个学校都在做的工作。但是，要打造人才培养的特色，就要在上述学校教育教学和管理的系统性建构的同时，通过一些创新性的做法，为人才培养注入新的元素，打造人才培养的特色。

培养具有国际胜任力的预备英才，这是上外附中对于人才培养的独特设计。毫无疑问，这种人才应该具有开放的视野、爱国的情怀、卓越的外语水平、综合的能力素养。但是，这就是我们要培养的人的全部要求吗？显然不是！具有国际胜任力的预备英才，既有能力和素质层面的要求，也有道德、情感、价值观层面的要求，二者相互统一，不可偏废。

① 石中英.回到教育的本体——顾明远先生对于教育本质和教育价值的论述[J].清华大学教育研究,2018,
　39(05)：4-11.

上外附中学生与特奥会结缘的故事，实际上体现了我们对于具有国际胜任力的预备英才培养的思考和行动。上外附中与特奥结缘是在 2007 年的上海特奥会。学校特奥志愿者的出色表现受到赛会主办方和上海团市委的高度肯定和广泛赞誉。在参与特奥志愿服务的过程中，同学们对特奥运动、特奥运动员和特奥志愿者有了初步的了解。2014 年 3 月，上外附中有幸成为大陆地区第一所参与"特奥融合学校计划"的中学。

2014 年 3 月 28 日，学校 100 名特奥志愿者来到闸北启慧学校开始了他们第一次特奥融合活动。在后续的两年时间里，上外附中多次组织参与特奥东亚区的特奥新闻媒体宣传、校园特奥融合活动、特奥东亚区青少年峰会、施莱佛篮球训练营、特奥慈善义卖、2015 年洛杉矶夏季特奥会等活动。2015 年特奥会开幕式上，学校的 15 名志愿者中一部分担任与各国代表团的联系工作，一部分作为引导员举着国家名牌陪伴运动员一同入场。这是学校的特奥志愿者第一次跨出国门参与高规格的志愿者工作和国际交流活动。志愿者们扎实的外语功底、吃苦耐劳的精神、积极主动的工作态度，得到特奥组委会的高度赞扬。国际特奥会主席蒂姆·施莱佛在赛会间隙亲切接见了学校特奥志愿者，勉励大家为特奥事业作出更大的贡献。

多年来，我们的学校、教师、学生和家长都经历了对特奥的了解从陌生到熟悉、对学生参与活动从担心到支持、活动形式从单一到多元的转变。所谓转变，不仅体现在特奥志愿者活动在学校从无到有；更是在活动形式、规模、师生的参与度、学校以及家长的认可度等方面都反映了参与特奥融合活动带给我们的积极影响。

在人才培养的过程中，上外附中始终秉承"服务祖国发展、服务人类进步"的办学理念，要求和鼓励学生积极参与校内外各种形式的志愿者活动，先后成立了义工社、启行社、外语讲师团等学生社团，常年坚持到医院、社会福利机构和小学开展志愿者服务工作。作为一所在国内外享有良好声誉的学校，上外附中每年有近百名学生进入国际顶尖大学深造，其中不乏哈佛大学、耶鲁大学等世界名校。在申请大学的过程中,招生学校更为注重申请学生的志愿者经历。在欧美等发达国家,关爱特殊群体早已深入人心,参与志愿者活动已经成为具备社会责任感的重要体现。学校力求通过各种形式的志愿者活动,着力培养学生社会责任感和国际公民意识,为学生的职业发展奠定坚实的基础。这种以参与特奥活动为代表的志愿服务和社会实践活动,实际上也体现了我们对具有国际胜任力的预备英才培养的理解,那就是人才不能仅有知识、能力,也要有仁爱之心、奉献之心。对于具有国际胜任力的预备英才的培养,整体上既要关注他们能力素养方面的培育,也要关注他们情感、道德、价值观的培养。从小处入手,打造人才培养的特色,这是上外附中在个性化人才培养中独具匠心的设计。

第一节　德育铸魂:擦亮具有国际
胜任力人才培养的底色

具有国际胜任力的预备英才,应该是德才兼备的人才,道德层面的养成是基础性的。对于学生而言,"德"是一种融于心而施于行的品质,检验"德育"成效的唯一标准就是具有德的"行"。[①] 而由此检视当今的德育现状,德育往往陷入形式主义的泥淖,甚至被等同于某一门单独的课程,这显然没办法真正达成涵养学生良好品德的目的。

道德与教育息息相关。教育永远都应该有道德目的,如果学校和教师仅仅关注教育教学活动的知识传递价值,而忽视了其中的道德要求,那将是不负责任的。从这个意义说,教育永远都应该是为道德的。[②] 我认为,学生的道德养成是一个完整的系统,学校中的任何工作、任何课程都应该有德育的价值。除此之外,学校应该通过完善的德育系统建设和特色化的德育工作来提升德育的有效性,帮助学生养成适应未来工作和生活的道德品性。

---

① 谢丽玲.德行养育:德育目标实现之根本[J].湖南师范大学教育科学学报,2016,15(06):44-50.
② 高德胜.幸福·道德·教育[J].华东师范大学学报(教育科学版),2012,30(04):1-8+18.

一、顶层设计,系统架构德育工作体系

学校的德育工作传承上外附中民族精神立根树魂教育、基础道德习惯养成教育、社团自主发展、社会实践志愿精神培育教育特色,结合学校七年一贯制完全中学的特点,进一步优化德育一体化设计,有效实现高年段和低年段的有机衔接,促进学生可持续、全面又彰显个性的成长和发展,着重从十个方面入手建构完整系统的德育工作体系。

立根树魂的爱国主义主旋律教育,以中华民族优秀文化为根基,以中华传统美德和精神为灵魂,以中华优秀传统、文化为载体,以中华美德和高尚精神为引领,以社会主义核心价值观和学校育人目标为参照,形成"涵容·达礼""求真·爱智""择善·立诚"六大主题,通过学科课堂渗透、名家讲坛指引、读书推荐导读、馆校新型合作、项目化学习等方式,关注学生参与体验和审美意趣,螺旋式提升主题活动的立意和价值,形成卓越精神的内涵,不负国家赋予的育人使命。

坚持"以规正身,以德修身",构建较为成熟的"中西合璧,行而有礼"国际化人才礼仪行规教育内容,推进、落实学生基础道德规范的养成,培养礼仪得体和具有良好道德情操、高度社会适应性的模范国民、世界公民。

实现"合力"化育,开发学校、家庭、校友、社会积极资源和教育合作功能,协同整合拓展课各类德育活动课程和优质综合考察项目,整合国内外教育理论,拓展教育空间,提升学生发展内涵,形成符合学校学生实际需求、发展特色和培养目标的文化行走、志愿服务等德育综合活动项目。

坚持心育化人,建立积极心理学视域下的人格认知、情绪控制、意志发展、珍爱生命等相关优质心理课程框架、健康月活动体系、危机干预机制以及家庭教育分层指导内容。

夯实德育队伍的建设,鼓励德育科研,为班主任专业发展提供路径,借力市、区名师工作室和校内自培,打造具有先进育人理念、科学育人方法、高尚育人情怀的德育队伍;坚持全员德育的理念,完善德育导师制,支持和服务学

生的全面成长和个性发展。

多维度完善学校德育民主,促进学生自主自育管理机制,完善三代会(团代会、少代会、学生代表大会);创设师生互动交流机制,营造温馨和谐的师生关系;健全各级家委会工作机制,增进家校双方信息沟通和理解;发挥社会力量助学机制,汇智聚财,助力学校育人计划的充分实施。

充分发挥共青团、少先队在学校各项活动中的先锋模范作用,重视学生干部领导力、创新力的培养;推进社团规范建设,进一步落实培养具有国际胜任力的预备英才的"6＋"社团发展模式,将项目化学习引入社团的研究性学习中,支持社团有序、良性、高质、长程发展。

深化德育一体化生涯教育模式的探索和实践,引领学生渐次深入自我探索,逐步加深学生的社会理解,尤其是对国际化、跨文化背景之下的大学专业、社会分工、职业素养的理解,帮助学生主动规划合理的人生路径和未来方向。

推进德育信息化工程,办好中心微信公众号,借助智慧校园,依托测评软件、电子平台和大数据功能,逐步完善德育各类档案的记录、保存,提高德育数据和信息的处理能力,助益德育现代化管理和德育决策。

联络校友感情,了解校友需求,办好校友通讯,宣传校友成就,展示校友风采,拓展校友资源,健全校友组织,凝聚校友力量来推动母校发展;充分发挥校友在学校建设和发展中的作用,推动校友会工作,发挥教育发展基金会的作用。

二、深耕细节,注重良好行为规范养成

学生良好行为习惯的培养是新时代中小学德育工作体系的重要组成部分。《中小学德育工作指南》指出,新时代中小学德育工作要"以促进学生形成良好的行为习惯为重点",引导学生熟知"学习和生活中的基本行为规范"。在我看来,良好的行为规范养成,不仅是学生将来参与社会生活的基础,也是人之为人的基本条件。由此,在建构学校德育系统的过程中,学校把学生良好行为习惯的养成作为重中之重,建构起有效的学生行为习惯养成体系。

学校秉承"服务祖国发展、服务人类进步"的宗旨,弘扬"自强、至诚、志

远"的校训,坚持"以学生发展为本,成人与成才并举"的理念,实施素质教育,致力于"外语见长,文理并举,复合型、高层次、高素质",具有国际胜任力的预备英才的培养。学校结合培养目标,根据学生发展特点及实际需求,继承发展以"外正其身,内真其心"的行为规范培养总目标。其中"正"指的是正直、正气,同时又意味着正当、合适;"真"一指真理,即明是非,知对错,二指真诚,即诚信待人,言行一致,知行合一。

上外附中是七年一贯制学校,学生在校年级从预备班开始一直到高三,其行规养成就有足够的时间精心打造、训练和提升。起始阶段(中预至初一)的行规养成重在知晓、模仿中习得,中级年层(初二至高一)的行为规范的养成更关注学生在思辨、实践中提升,高级年层(高二至高三)的行为规范就关注其在内化整合中生成。

表 6 - 1　上外附中学生行为规范教育目标体系

总目标	分　解　目　标	目标等级
外正 其身	以规正身——知规矩,懂规则 知晓班规、校规、社会规则及国际规则,遵守校规、竞赛规则、外事交往等国际规则	初阶 中预、初一
	知书达礼——有文化,明事理 了解国际国内礼仪知识,用正确的礼仪与同伴、师长交往,用恰当的礼仪进行社会交往、国际交流	中阶 初二、初三、高一
	大气从容——显正气,展自信 熟悉国际国内的文化传统,对自己国家和民族的文化有自信和底气,有能力用自身行为表现在各种场合展现民族文化自信	高阶 高二、高三
内真 其心	言行一致——做实事,说真话 热心服务他人、集体、社会,待人真诚友善,重承诺,讲诚信	初阶 中预、初一
	明辨自律——求真理,善规划 具备跨文化比较视野,懂得思辨和整合,善于自我管理、理性选择、自我负责	中阶 初二、初三、高一
	有理有节——识大体,讲气节 懂得尊重差异、尊重他人,在处理各种矛盾冲突时不偏执,懂得坚守底线,维护大局,合作共赢	高阶 高二、高三

目前学校已经建构了"以规正身，以德修身，内外兼修，中西合璧，走心塑行，修心怡情"的行为规范训练体系，通过六个层面的系统设计，打造学生行为规范教育的良好体系：习以立身，以规正身——在日常管理中落实行规；学以养德，以德修身——在课程浸润下养成行规；中西合璧，内外兼修——在综合活动里锤炼行规；走心塑行，修心怡情——在心育理念下塑造行规；为人师表，正身为范——在教师垂范下润化行规；以景衬行，和谐校园——在环境化育中熏陶行规。

学校在行规教育实施总目标的基础上，按层级逐步细化分解，贯穿学生各年段的行为规范的养成训练，通过有效的养成方法和举措，力争促使学生具备"服务祖国发展、服务人类进步"的预备英才的行为礼仪规范，成长为中西合璧、反身而诚、行而有礼的未来英才。学校已连续多届被评为上海市行为规范示范校。

三、文化破圈，打造特色德育活动品牌

学校的"民族魂"爱国主义教育活动创办于 20 世纪 80 年代中期，至今已开展三十多届。其初创时期，正是邓小平同志提出教育要面向现代化、面向世界、面向未来，要培养有理想、有道德、有文化、有纪律的时代新人，并反复强调必须发扬爱国主义精神，提高民族自尊心和自信心。这些论述为当时的上外附中培养什么样的人才指明了方向。

在我们的人才培养设计中，非常明确的是，我们培养出来的学生，不能学了外文忘了中文，学了外国而忘记祖国；我们培养的人才应该是既具有中华民族传统美德，又具备开创新世纪的时代精神，既具有对外来文化进行选择、吸纳世界各国优秀文化成果的能力，也要具备向世界各民族弘扬中华优秀文化实力和自信的优秀人才。

基于上述的认识，学校开始坚持对本校学生进行民族根的教育、民族魂的洗礼，由此，正式将这项活动命名为"民族魂"爱国主义教育活动。活动确立以"弘扬中华民族优秀文化、继承中华民族传统美德、发扬中华民族高尚精

神"为基本内容,也就是以中华民族优秀文化为根基,以中华传统美德和精神为灵魂,以中华优秀传统文化为载体,以中华美德和高尚精神为引领,通过语文、历史、政治、地理、艺术等各门学科的课堂渗透,帮助学生了解中华民族优秀传统文化和精神。学科知识的普及和教师指导为"民族魂"爱国主义教育活动保驾护航,而德育处团委学生会则根据时代特点、学生年龄和心理需求,围绕核心内容,努力创设并发掘学生喜闻乐见的活动形式,使各项分层主题活动理趣、情趣、意趣水乳交融,既彰显中华优秀文化内涵的包容力,也注重各个环节艺术审美的渗透作用,将容易沦为说教式、运动式、一过性的爱国主义教育活动变为潜移默化的文化熏陶、深度的心灵体验和自主探索创新的实践展示。每一届毕业学生回忆起自己附中的七年生涯,"民族魂"这三个字以及与此相关的活动成为他们难忘的校园文化记忆和精神印刻,并让他们终身受益。

"民族魂"爱国主义教育的活动形式在初中年级以经典故事表演、创意变变变、专题小导游游园会、寻宝大赛等富有活动感、现场感、游戏性的形式为主;在高年级的活动中,我们则以班级风采展示、智慧大考场、国际关系论坛、灵之光辩论赛、短剧汇演,原创歌舞等更具有思辨性、综合性、大视野的活动形式来体现。

"民族魂"爱国主义教育活动每年都设置主题,最初的主题诸如"洗雪百年耻辱,共唱中华辉煌"迎接香港回归系列活动,"胸怀凌云报国志,挥毫谱写民族魂"纪念周恩来总理诞辰100周年主题教育系列活动,以及"笑看风云话申城,展望世纪创辉煌"纪念上海解放50周年主题教育系列活动,"光荣与梦想"新中国成立60周年等系列活动。

除了班级层面的活动,近年来随着学校社团活动的发展,"民族魂"系列活动的开展更加广泛和普及。比如,每次的爱心义卖及社团年度文化展示,为学校的"民族魂"活动增添了文化的亮色和青春的活力;书法社的展示,DIY社的民族手工艺品制作,让民间艺人、文化名人进入校园与学生互动交流。

学校为每位学生设计了"民族魂"活动指导手册,每位学生都可以在上述的活动中找到自己的定位,可以是编剧,是导演,是舞者歌者,是辩手,是演讲者,是多媒体设计师,哪怕仅仅是为班级的短剧跑跑龙套,为爱心义卖贡献一份爱心,也是一份热心的参与。

"民族魂"活动每年从三月初启动,四月初进入活动的高潮。三月初由德育处团委学生会下发具有清晰指导性的文书,各项活动配备相应的社团或学科指导教师,各班根据自己的班级实际情况选择自选和必选项目参加。有些竞赛类项目经过初赛复赛,进入文化活动周的决赛;有些项目集中在最后一周进入展示。最后,由学生发展中心牵头会同教师指导进行集中打磨编排,呈现一台内容丰富、紧扣主题的闭幕演出,其中明星辩论赛短剧等节目深受学生们欢迎。整个"民族魂"活动历时一个月。

"民族魂"活动已举办 30 多年,我们也期待她的精神内核不变,而在教研组参与广度(设立参考篇目、开设专题文化课展示交流等),教师指导力度(专题研究性导读、竞赛命题、评委),名家引领宽度(名家讲坛互动),学生参与深度(文化体验、社团展示等),综合活动科学的课程设置(各项活动成果记录收集编辑成册走向课程化)等方面有进一步的拓展和提升,让上外附中的这个文化节日永葆其核心本质和生命力,成为学校在德育工作中永远绽放光芒的特色品牌。

第二节　外语专长:打造具有国际
胜任力人才培养的特色

涵养国际胜任力,特别是将来要能够参与全球治理事务,必须要掌握一定的外语,具备相应的语言交际能力。对于上外附中而言,外语教学是学校品牌,也是学校的特色。因此,上外附中的外语教学不能够仅仅满足培养学生初步的外语交际能力,而是要着眼于学生外语综合素养的提升,着眼于外语专门化人才的培养。由此,学校大力推动外语教学改革创新,抓住"外语"

这一特色品牌进行深耕,通过外语能力的提升、外语素养的培育为培养具有国际胜任力的预备英才奠定基础。

一、以特色课程教学夯实外语人才培养的根基

(一)扎实做好外语课堂教学的改革

在教学方式上,学校开展小班化全外语教学。教师普遍运用开放式文化主题的教学方法,选用围绕文化为中心的教材,采用主题式教学,重视真实情境的创设和课堂的互动性。此外,所有语种的外语课都有课前 5 分钟的自由演讲传统,在教学中经常采用小组讨论和角色扮演的教学方式。经过几年的锻炼,附中学子不仅外语的听说演练能力强,同时具有风度优雅、仪态端庄、落落大方的气质。上述教学特色做法旨在通过引导学生在打下坚实外语基础的同时,探究中外文化的差异,使学生能够理解和尊重不同文化,认同中华优秀传统文化,具有开阔的胸襟,能与不同文化背景的人进行开放有效的互动,具有跨文化沟通能力,成为兼具扎实语言功底、传播中华文化能力和开阔国际视野的外语预备人才,为其将来涵养起国际胜任力奠定基础。

(二)开设"讲好中国故事"的外语课程

英语教研组自主开发建设"中国与世界"课程,从初中学段开始,旨在通过学习中国传统文化的精髓,培养学生传统文化意识和民族认同感;同时,通过课程学习,帮助学生学会用英语讲好中国故事、分享中国文化、厚植家国情怀,初步培养学生跨文化比较的思辨能力。"中国文化"慕课项目也由英语教研组自主开发建设,共分七个讲座,内容包括中国汉字、中国书法、中国国画、中国经典阅读、中国石窟、中国传统节日、中国古代青少年娱乐等板块。在各个板块中,主讲教师会通过视频、课件、动画等形式向学生生动传授主题相关的知识,让学生在学习中国传统文化的同时,提升思维品质和自主探究的能力。小语种学科通过市级和组内教学研讨提升教师将德育元素和中华传统文化融入外语课堂的意识,强调教师应从国际交往中构建中国话语体系的高度,提升思想认识,力争学科教学与德育紧密结合。教师们在教学实践中挖

掘小语种新编教材里的德育元素和中国传统文化元素,探讨和尝试在小语种教学中德育渗透的各种可能性,积极落实国家育人目标,打好学生的中国底色。

二、以校园文化氛围激发外语人才成长的活力

(一)开展丰富多彩的校园文化活动

学校通过每年一度的国际文化节、多语社团、译言社、外语讲师团、辩论社、时评社及模拟联合国等社团营造了浓厚的多语种文化氛围,提升了学生学习语言的积极性和好奇心。其中上外附中模联社团以跨语种交流、多平台展示、跨学科竞争、多领域学习为发展理念,学生参与度高,在国内外各大会议中表现出色。涉猎不同外语学习领域的社团类型和高水平的社团活动为学生在实践中借助外语开启文化之窗,参与国际政治问题交流提供了广阔的舞台。

国际文化节是学校一年一度的多元文化盛宴。在为期两周的国际文化节中,学生以外语为载体开展丰富多彩的活动。学校特色的多语种环境,让学生们得以深刻领悟文化的璀璨。英语、德语、法语、日语、俄语、西班牙语、意大利语、葡萄牙语、阿拉伯语、希伯来语,十大语种通过各自的特色活动,如歌曲、配音、书法、演讲、短剧等,让校园内的每一位学生都浸润在多元文化的氛围之中。

(二)积极开展对外交流活动

学校注重培养新时代外语人才扎实基本功的同时,也为学生搭建语言文化的实践平台,国际交流十分活跃,与20个国家和地区的31所学校建立了长期的姐妹校关系。现在,我们也开始尝试新的合作方式,如两校间的通信交流、线上互动交流。同时我们也为学生提供丰富多样的外事活动机会。学校始终坚持把外事活动作为课堂教学的延伸,让学生成为各级各类外事接待活动中的主角,在外事实践活动中培养学生跨文化沟通能力、得体应对各类突发事件的能力,在实践中为学生打下外语外交人才的底色。

学校国际部开展的美国西哈福特学区孔子课堂夏令营项目、俄罗斯1948学校孔子课堂秋令营项目、汉语桥——英国中文培优项目、澳大利亚维多利亚州青年领袖项目等形式多样的短期交流项目，为学校学生提供了拓宽国际视野，用英语讲好中国故事，展现中国传统文化魅力和当代中国风貌的实践机会。

学校国际部对外汉语教学经验丰富，为首批汉语国际推广中小学基地、大学汉语国际教育硕士实践基地，通过短期汉语推广项目和孔子课堂的建设，积极服务学校的国际化办学战略，服务国家的文化传播战略。

三、以优质师资建设提升外语人才培养的质量

（一）外部保障＋内部激活，打造优质外语师资

培养高质量外语人才，最为关键和基础的是要有高质量、专业化的外语师资。为了保障外语人才的培养质量，学校着重从外部保障和内部激活两个维度打造优质外语师资。从外部保障的角度看，在扎实做好英语学科教师队伍建设的基础上，通过单独设立小语种教研组，加强对外语教师专业发展的制度激励和政策支持，通过与高校结对的方式为语言类教师专业发展赋能等方式，建构积极向上的专业发展文化和完善的制度保障体系，帮助外语类学科教师解决发展过程中的后顾之忧。

在做好外部保障的同时，充分给予语言类学科、专业教师发展的自主权，倡导外语学科教师充分利用学校的资源和优势，通过校本教研机制和团队成长方式的创新，不断激发学科团队的内生活力，创新成长的方式，彰显专业发展的自觉。以上外附中的小语种学科为例，高中新课程标准的发布，为中学阶段的小语种教学开拓了新的空间。但是，相较于国家对中学小语种人才培养的高度重视，中学小语种师资力量相对薄弱。而目前开展的教师教研活动，也无法满足小语种教师的发展需求。以中学阶段的日语教学为例，即便如日语这一在中学阶段历史相对悠久且在全国规模较大的小语种学科，至今依然面临着教师队伍普遍年轻，缺乏经验，且部分地区没有统一的教研体系，

教师之间缺乏沟通、听课、研讨、培训等学习机会的困境。即便在中学小语种教学相对发达的上海地区,目前市、区级培训针对小语种学科的课程也近乎没有。上述现状进一步导致小语种教师的整体科研水平与科研成果数量相对低下。针对这样的情况,在学校层面相关政策、制度的支持下,学校小语种教学团队创造性地探索和提出了"科研课题驱动的中学小语种跨语种教研"体系,有效提升了语言类学科校本教研的质量,也为优质语言类师资的打造提供了一种可借鉴、可共享的道路。

(二) 互惠共生,以科研驱动中学小语种跨语种教研

在具体的实践中,针对小语种学科问题,"科研课题驱动的中学小语种跨语种教研"体系从"实践共同体"的理念出发,组成以提升教科研能力为目标,以共同的科研课题为载体,以实现课题研究成果为驱动的跨语种教研团队,在"互惠共生"的模式下,以"一体化共生"的自组织为指向,以科研促教研,构建以自觉自主、合作互利且充满教科研动能为特征的小语种教师跨语种团队教研方式。

在整体层面,该教研方式采用课题驱动,并由课题负责人推动的辐射模式。某个特定的教学理念或方法先在优势语种学科进行试点实验,避免各语种齐头并进,以此来降低错误成本,提高研究和实践效率。在优势语种学科试验中获得成功的经验向其他语种学科辐射,在更广的范围内检验跨语种教研成果。课题负责人作为教研活动的推动者,通过随访制度,负责向其他成员传播理念、把控课题研究进度和方向,并对各语种教学实验进行质量把控。

在微观层面,主要以课题相关教学的跨语种集体备课为主要教研手段,有两种形式。一种为师徒式,即结合区级人才梯队的研训,教研团队内的梯队骨干教师与梯队教学能手、新秀同语种或跨语种师徒结对,通过备课指导、听评课的形式开展教研活动。另一种为合作式。这种形式主要存在于因"多语歌曲"课题研究需要而构建的,以教师主导、学生助教辅助的多语种联合教学方式中。项目组结合高中年级多语译介项目的开展,在各语种多语译介试点班级选取学生担任助教,负责向初中多语歌曲教学班不同语种的同学展示

介绍自己所学语种的歌曲。在多语种教师共同备课支持下,任课教师统观全局,重点负责讨论与思考环节,旨在克服因任课教师多语能力局限而无法开展多语教学的障碍,为推广跨语种、开放式的多语教研、教学创造可能。

总而言之,持续不断地加大在语言类学科教师专业发展上的投入,推动语言类学科教师的专业发展,以高素质、专业化的教师队伍建设形成外语人才培养的特色,这是学校在办学和人才培养过程中始终不变的选择。

四、以大学、中学合作贯通外语人才成长的通道

自 20 世纪 80 年代以来,世界范围内掀起了新一轮教师教育改革的热潮,其典型特征是加强大学与中小学之间的合作进行教师教育,共同促进教师的专业发展。[①] 大学和中小学之间的有效合作对中小学、大学和社会发展等方面都具有重要价值。特别是对于中小学来说,与大学的合作能促进中小学在职教师专业发展,促进优质校园文化和课堂文化的建设,促进中小学教师更好地理解和使用教材以及编制优秀的校本教材;[②]除此之外,也能够充分利用大学的资源丰富学校人才培养体系,为学生成长提供更多的支撑。这意味着,当下教育改革背景下的大学与中小学合作,其目的不仅仅局限于促进中小学教师专业发展,而是可以拓展到赋能整个中小学人才培养体系的变革。

作为上海外国语大学的附属中学,学校充分把体制优势转化为办学优势,积极引入大学的教学资源、师资力量和教学方法等,提升学校办学能力和办学水平。学校积极与上海外国语大学对接,构建中学与大学一体化外语人才培养体系。

在课程方面,为培养高水平外语预备人才,学校在高中学段安排一定课时开展分层教学,为高水平英语学生聘请上海外国语大学教授来校授课,开设"英美历史""演讲的艺术""模拟国际会议口译""高级写作"等高阶英语课

---

① 孙自强.实践共同体视域下 U－S 合作模式的重构[J].教育研究与实验,2016(04):77－81.
② 陈振华,程家福.论 U－S 合作长效机制的构建[J].教育发展研究,2013(04):54－59.

程,既拓宽了学生的视野,提升了学生外语能力,又为国家培养和储备高端外语预备人才做好准备。

在输送外语预备人才方面,学校每年都向上海外国语大学卓越学院和各外语院系输送相当数量的保送生。学生们扎实的语言功底和出色的综合素养为大学培养高端外语人才奠定了坚实的基础,是大中一体化外语人才培养的成功案例。

第三节　融合发展:提升具有国际胜任力人才培养的成色

国际胜任力的培养及其在实践中的落实,考验的是人才的综合素养,只有具备全面发展能力和优质综合素养的人才才能够适应未来社会的全球治理事务。一方面,从教育的本质出发,学生的成长是教育的核心价值,也是教育本质的最重要理解,教育改革应该以追求人的全面发展作为其终极价值标准[①];另一方面,从当前我国教育改革发展的总体任务和人才培养目标看,习近平总书记在全国教育大会的重要讲话中提出,要"培养德智体美劳全面发展的社会主义建设者和接班人","努力构建德智体美劳全面培养的教育体系,形成更高水平的人才培养体系"[②],这说明促进学生德智体美劳全面发展是当下教育改革发展的核心任务。

学生的全面发展,综合素质的提升,不能仅仅依靠某一单一类型的教育内容和教育方式。近年来,随着协同教育、融合教育、跨学科教育等理念的兴起,如何通过不同学科、不同课程、不同教育主体之间的有效融合和合作,实现协同育人的价值,越来越成为教育改革的主流。在我看来,参与全球治理的预备英才,应该是一种高素质、复合型的人才,需要通过融合教育的理念进

---

① 袁国,贾丽彬.人的全面发展:教育改革的基本价值标准[J].教育理论与实践,2018,38(20):7-9.
② 范新萍.五育并举　全面发展[J].中国德育,2018(23):10-11.

行培养,因此,学校注重从多个维度的融合入手,为这种复合型人才的培养提供支撑,在实践中铸就学校的人才培养特色。

一、多门外语融合搭建学生融入世界的多重桥梁

学校着眼参与全球治理的预备英才培养,在整合利用校内外资源的基础上,充分发挥教师的自觉性、能动性,着眼人才培养的特色建设和系统变革,构建了 6 个语种的专业化外语课程和以听、说、读、写、演、译、辩为一体的训练体系,同时还开设韩语、拉丁语选修科目。上外附中是全国基础教育领域开设外语语种课程最多的专业性外国语学校。

随着时代的发展、技术的进步,也许很多人会说外语学习还有什么用?今天的世界,谷歌、科大讯飞、IBM 等公司都在不断研发和升级着他们的实时翻译软件,努力地提高产品性能和用户体验。对于一般人来说,似乎下载个好用的翻译软件,就能够应付语言不通带来的麻烦。我们乐于看到这样的进步与发展,同时也不禁思索:仅仅达成不同语言之间的转化就够了吗?语言除了最基本的交际功能之外,其背后蕴含着的丰富、独特的文化与思想该如何表达与交流?不仅是对目标语的理解,我们自己民族的语言、文化乃至精神又该如何被传达、被了解?

因此,我们在语言教学的课程设置和训练系统上,注重语言和文化的交融、知识和能力的转化,并不断探索外语单语能力与多语能力的复合、外语能力和综合素质的协调发展,以语言为工具,提升学生的跨文化交际与理解能力,使其无论是现在抑或未来在各类国际交流的舞台上,都能用外语自如地说好中国故事,自信地展示中国文化,以达成真正的理解与融合。

二、多样课程融合奠定学生走向未来的扎实基础

时代发展,社会进步,未来世界唯一不变的就是改变;变化要求强者,而强者需要丰富的积淀。学校在提高国家课程教学质量的基础上,以外语为牵引,融合各学科知识的运用,形成外语加其他学科的融合型课程。比如,学校

的"学术十项全能"（初中"学术五项全能"）融合型课程，包括社会科学、科学、艺术、音乐、经济、写作、数学、面试、演讲等内容，为学生奠定了全面而扎实的学习基础，培养其学习能力。近年来，学校以"创新视域下外国语学校社团支持课程群建设"课题为引领，创建了一批特色课程。例如，在融合了外语（论文撰写）、数学、信息技术以及社会知识、科技知识、人文精神的"数模"课程中，学生会根据学校当前楼层及人员分布情况，建立模型，并设计最佳逃生路线；会就学校周边道路的拓展对过往车辆行车影响建立数学模型，并以此模型为依据分析校园周边停车难问题，提出设想和解决方案等。

学校数模团队在历年世界大、中学生数学建模比赛中，都能从全球几千支队伍中脱颖而出，取得佳绩。比荣誉更令人欣慰的是，在比赛的过程中，学生们思维、实践、沟通、合作、创新等多维能力得到提升，在潜移默化中形成了积极、健康的公民意识、社会责任感和使命感。

学校还构建了以国家课程为基础的"模拟联合国""外语＋现代信息技术"融合课、新闻传媒、"特色英语汤沙戏剧"等课程，这些课程对于拓展学生的视野，增进学生的跨文化理解与认知能力，都具有直接的支撑作用。以"特色英语汤沙戏剧"课程为例，在教学过程中，教师引导学生对莎士比亚与汤显祖的作品进行对比、鉴赏，探讨同时代文化的多元及共性，既能够开阔学生视野，拓展学生思维，也能够有效培养学生的民族文化认同，体现课程教学的立德树人价值。

"沪风研究""汉文化研究"等致力于中国及地方传统文化研究的课程里，学生们不仅完成课程任务，更会主动将中国及各地区历史文化习俗的主题探索和研究成果进行双语汇编，并利用网络平台，以数字化、媒体化、视觉化的方式积极地宣传和推广民族文化。

高质量的多样课程融合教育，使广大学生从小练就"童子功"，为他们迈向世界、立足世界、参与世界竞争奠定了扎实的基础。

三、多项能力融合助力学生生涯发展的多种可能

在世界教育创新峰会（WISE，World Innovation Summit for Education）

上,全球首份 21 世纪核心素养报告发布,提出了全球范围内期望未来公民应具备的核心素养。这份报告对于我们所有的教育人而言,都有着重要的意义。上外附中近年来所提倡的育人理念和办学思路与报告中所提到的内容是比较契合的,能够较及时且全面地关注到学生的当下以及其未来的需求和发展。学校在常规教育教学的基础上,一贯重视素质教育,重视民族精神及爱国主义教育,全力打造各类高品质的主题活动及校内外综合实践平台,并以此为抓手,助力学生多项能力的培养与融合。

以学校学生社团为例,结合学校的培养目标,我们开展了"以培养国际型预备英才为目标的学生社团发展模式探索与实践"研究,提出了"6 个结合的社团育人模式"。在成熟的社团管理运作机制下,充分发挥学生的自主性及社团指导教师担当生涯导师角色的作用;加之上外附中特有的七年一贯制培养模式,学生不仅能从教师那里得到指点和帮助,更可自由运用身边的朋辈资源,团队中老带新的画面时常出现,互爱互助,共同成长。

同时,全校层面推广生涯发展教育理念。我们的社团专业指导教师从学生们加入社团起,便有意识地引导学生树立"心系中华,放眼天下"信念,鼓励他们与志同道合的伙伴一起开展自主学习、进行课题研究、加入公益实践、参与竞赛交流、学习管理技巧……目前,上外附中共有 45 支规范的学生社团,涵盖了政治、经济、科技、文学、艺术、体育、心理等各个方面,其中 19 个研究性社团形成了跨文化双语综合活动体系和国际交流展示或竞赛项目,且取得了不俗的成绩。

学校 2015 届毕业生沈赫赫同学,曾经是学校学生记者团的负责人,毕业后就读于哈佛大学政治学专业。在哈佛大学求学期间,她经常利用课余时间在波士顿当地一家非营利媒体机构实习,制作新媒体素材,关注中国年轻人在美国的个人故事和他们对于中美社会热点的看法,在当地获得了很大的关注。她所体现出来的对社会问题的敏感度和对工作的组织管理能力,也受到了实习机构的高度赞赏。提起中学生涯,沈赫赫同学认为,上外附中学生记者团的经历对于她的成长有着深刻的影响。

作为一名学生记者,我体会到了如何与不同的对象有效沟通;作为一个社团负责人,我学会了有序地组织团队,挖掘团队成员的潜力和动力。我想借这个机会,真诚感谢支持我们办报纸的学校、感恩指导过我的王静老师和李启翔老师。我希望上外附中的学弟学妹们可以继续发挥学记团在校园中的独特角色,并不断创新,利用新的平台和形式来呈现校园百态。希望同学们可以通过写作和报道,学会深入全面地思考问题,流畅成熟地表达观点。

2016届毕业生吕源东同学在校期间任模拟联合国社团秘书长,毕业后就读于弗吉尼亚大学。回顾中学期间的社团学习和工作经历,他说:

模联社团的经历不仅给予我们学术上的提升,也让我们真实地了解许多严峻的社会现状:环境保护、贫富差距、种族矛盾等。当我们看到手中的客观数据并且需要作出决策时,便能感受到肩上的责任和义务。这让许多模联学子选择了在课堂和模联之外积极参与社会服务。由于模联灌输给我的这些理念,来到弗吉尼亚大学后我也参与了与此相关的学生社团。模联的经历使我更加成熟,并对我的人生轨道产生了重要的影响。

诸如此类的例子还有很多。众所周知,"能力"一词有着丰富的内涵,其培养离不开日常教育教学活动中的渗透和浸润,更离不开具体、扎实的项目与实践。多年来,学校不断搭建平台,鼓励和支持学生自由、灵活地组合参与各类校内外活动及实践项目,在此过程中逐步培养起他们良好的沟通合作能力、创造力、批判性思维与问题解决能力、领导力、抗逆能力、公民责任与社会参与意识,更将当前时代下必备的信息素养融汇其中,让学生从知识、技能乃至品格才干等各个维度上得到充分的锻炼和提升。

助力学生多项能力的融合可以说是上外附中在教育改革实践中不断摸索和尝试的一贯思路。近年来,随着生涯教育在我国越来越受到重视,结合学校育人目标与学生发展的实际需求,上外附中积极推进学生生涯发展工作的行政改革、团队建设、师资培训与顶层设计,与相关教育研究机构合作,引进符合学校学生特点及需求的青少年生涯测评系统,为学生的个性化升学指导及生涯发展提供可参考依据;同时借助智慧校园的优势,充分利用现代信息技术的强大功能,全面支持和推进学生的生涯自主探索;更从课程、活动、实践、专题教育等多通道助力学生的生涯发展。

随着教育教学改革的深入,学校也注重通过机构改革,搭建日益完善的学生成长服务体系,助力学生全面发展。其中比较有代表性的如学生发展中心,它联合学校课程发展中心、教师发展中心,进一步推进了学生自主发展系统的开发与完善,加之升学指导及生涯发展中心的全程介入,有效支持学生在实践探索和体验的过程中,实现复合型人才的培养目标。

四、多元文化融合促进学生坚定信念涵养价值观

所谓"多元文化融合",即以母文化(中华文化)为主导,以多种外语为桥梁,对于多元文化的习得、取舍、融通、运用以至创新,丰富、充实、融入母文化,开阔学生的国际视野,夯实学生的文化底蕴,厚植社会主义核心价值观,提高学生的国际理解、辨析、合作和竞争力。其核心就是形成科学的世界观、人生观、价值观。

学校办学肩负的特殊使命、外语教育的优势、对外交流的高频度,为上外附中学生直接接触多元文化提供了便利。对于这样一群身处中西文化交汇点上的学生,学校教育在推动其具备国际视野、多元沟通和思辨能力的同时,是否可以有更多的可为之处呢? 答案是肯定的。

诚然,"融合""共存""国际化",这些必然是当今世界的趋势;同时我们无论身处何处,都会葆有着属于自己的、民族的、独特的文化烙印与精神,两者缺一不可,这也是我们的教育需要引导和教会学生的。因而,学校坚持以"民族感""责任心""使命感"为关键词,鼓励和引导学生传承中华民族传统美德、弘扬民族优秀文化和精神,立爱国之志,效爱国之行,以母文化为根,汲取多元文化之精华,献智国际规则,推动国际事务,此之谓具有"中国心""民族魂"的"国际人"。

基于上述认识,学校从团队建设、制度保障出发,以课程浸润、专题教育、

文化活动和社会参与为抓手,在探索与实践中逐步形成了一套具有上外附中特色的做法。

学校制定了《上外附中爱国主义教育大纲》和《上外附中弘扬中华民族传统美德基本要求》,明确各年级教育目标、重点,并将其纳入"上外附中道德教育工作"管理文件,在班主任教师、科任教师及教辅人员等群体中开展相应的培训,为育人工作的开展奠定扎实基础。同时,作为教育部直属中学,针对每年大量、高频外事活动及学生们在此过程中的实际需求,学校打造了统领七个年级的主题为"中西合璧,行而有礼"的国际化人才素养教育特色品牌,对不同学段学生以不同的教育形式设置了相应的特色课程。学生在各类形式多样的外事文化交流活动中将道德素养课程中学到的知识、礼仪等落实到行动中。

学校鼓励学生学会写一手规范的中国汉字,熟背一百首优秀诗词,唱一百首优秀民族歌曲,学会一种民族特色技艺,通读一批古典名著,此谓"五个一"文化熏陶工程。

学校利用每周的"国旗下演讲""午会课"及"名家讲坛"等平台开展专题教育;推广"知书达理读书活动",书目汇集了古今中外名家名著和现当代精品热点作品,外语与中文兼备。所谓"腹有诗书气自华",我们通过对学生的阅读篇目、阅读方法、阅读习惯的引领与点拨,帮助他们找到知识与真理宝库的钥匙,从而让学生在阅读中了解和汲取多元文化精华,明白为人处世的道义,树立胸怀天下的大爱。

在生涯教育蓬勃发展的今日,我们意识到,好的教育必须要能够在引导学生了解自我、探索世界、建构未来理想的同时,培养其迈向未来生活、应对未来世界的信心与能力,鼓励和引导其构建积极的公民责任与社会服务意识。在"多元文化融合育人"中,学校始终坚持"两个'服务'+六字校训"的育人目标,鼓励学生积极践行各类公益服务。

未来的世界是融合、合作的世界。我们期待在服务社会、参与社会及投身社会公益的过程中,学生们将理解、包容、平等、合作、尊重、珍爱生命、保护环境等理念通过践行深入内心。我们真心希望我们的学生,未来能够秉持着他们的纯良品行,传承中华民族的美善德行,与这个世界达成真正的融合。

第四节　科创精神:增加具有国际胜任力人才培养的亮色

培养国际胜任力,参与全球治理事务,面临的很多问题将是前所未见的,需要从业者具有良好的创新思维、科技素养。因此,培养参与全球治理的预备英才,不仅仅要注重他们的外语水平,也要注重其创新意识、科学思维等的培养。特别是学生的创新思维,不仅是当下核心素养体系的人才培养关注的重要领域,也是学生在未来世界中真正立足并发挥作用的有效支撑。

在 21 世纪,人们日益发现,创新和创业才是经济增长的主要驱动力,创新力才是各国的核心竞争力。培养人的创新力成为各国教育竞争力乃至国家竞争力的核心。2021 年 6 月,国务院颁发《全民科学素质行动规划纲要(2021—2035 年)》,文件中明确指出,实施科技创新后备人才培育计划,建立科学、多元的发现和培育机制,对有科学家潜质的青少年进行个性化培养。上外附中在充分发挥外语办学特色的同时,坚持五育并举,积极推动多语助力、多元文化浸润下的学生多元发展。为了更好地培养适应未来社会的高素质人才,近年来,学校尤其重视基础学科拔尖人才和创新人才的培养,不仅积极探索了七年一贯的拔尖创新人才的培养模式,也主动对接了国家创新人才培养的战略需要,为参与全球治理的预备英才培养增加新的亮色。

一、建设科创基础课程,培养学生探索未知的精神

依托传统科创课程培养。学校教师开设机器人课程、C++和 Pascal 编程、数学建模、人工智能等科技类选修课,充分利用七年一贯的优势,学生在中预进校就可以选课,按照自己的兴趣和爱好进行选择,从基础的编程语言

开始学习,在课程学习中比较优秀的学生将参加各级各类的竞赛。在竞赛时期,学校组织学生进行集训,通过这样一年一年的训练和比赛锻炼,学生基本上到初三和高一年级就能够在国内外相关赛事中取得比较好的成绩。

初三社会实践调查。学校在初三第二学期组织学生开展"初三社会调查实践",邀请专家为学生开设关于研究选题、课题准备、课题研究、调查报告撰写等内容的专题课程;然后学生根据个人兴趣确定课题,分小组开展为期两周走出校园的社会调查活动;调查结束后撰写调查报告,先后在班级、年级进行交流和答辩,为高中参与课题研究打下基础。

研究性学习社团建设。学校在高中学段打造了一批涵盖政治、经济、文化、艺术、科创、教育等领域的研究性学习社团,学生升入高中后,必须选择加入至少一个研究性学习社团。与科创有关的社团有电脑社、机器人社、Academic学术十项、USAD、商业赛智、JA社会创新和理科工作室。学有特长的学生聚集在一起,开展互助式合作学习。社团和工作室配有不同学科的教师作为指导教师,同时也外聘高校、科研机构的专家或者家长作为指导教师,以参加国内外的创新项目竞赛为驱动,引导学生完成项目的选题、研究计划设计、开展项目课题实践研究,培养学生的创新能力、研究能力和社会责任感等。

合作引进课程。学校与上海科技馆、自然博物馆等建立馆校合作项目,组织学生积极参与"少年诠释者"等科学活动。学校选拔组成志愿者团队,利用假期进入上海科技馆和自然博物馆,成为场馆互动的诠释者。学校设有物理、化学、生物创新实验室,与中科院上海生命科学研究院合作,开设"人工智能在生物医学领域应用"STEM课程,学校建立"人工智能生物医学实验室",研发基于"人工智能在生物医学领域应用"的课程资源,指导学生开展与人工智能在生物医学领域应用有关的课题研究。

二、联合科研院所共建,培养学生开展科研的素养

近年来,学校先后与中科院上海生命科学研究院、上海技术物理研究所、

上海天文台、上海中医药大学和上海公共卫生临床中心合作共建,在科研院所和高校的大力支持下,为学生搭建科创课题研究平台。借助各高校和科研院所的资源提供前沿的课题项目、研究专家导师和实验室,让一批经过校内选拔的优秀学生进入科研院所和高校,与科学家亲密接触,通过一个周期培养,让学生了解科研全过程。学生通过研究员的指导了解相应科研领域的前沿知识,并尝试进行创新性的课题研究。

学校还在上海技物所的大力支持下,开展"院士进校园"的科普讲座,先后邀请上海技物所薛永祺院士、王建宇院士,为学生做"'天眼'看地球"的遥感科普报告和"缤纷多彩的光世界和神秘的光子"的学术报告。顶级的科学家们走近中学生,播撒科学的种子,点燃青少年学生探索宇宙奥秘和科研的火种,对中学生的成长及科创素养的培养有非常积极的意义。

三、借助竞赛体系深度培养学生解决问题的能力

为了更好地培养具有学科潜力和特长的学生,即基础学科拔尖人才的培养,学校不遗余力打造七年一贯的理科竞赛培养体系,涵盖数学、物理、化学、生物、信息五大学科竞赛,从中预到高三各年段,通过学科骨干教师和外聘专家相结合的形式组建了七年一贯的五大理科竞赛辅导团队。

目前,所有学科都已经在初中阶段开设了培育课程,在中预、初一年级开设数学、物理和信息学的培育课程,初二、初三年级增设化学和生物学的竞赛培育课程,在初三第二学期起针对学有余力的学生开设理科分层教学实验班。高中阶段每个学科的进阶培育课程进行强化学习,赛前也会聘请竞赛专家教练进行冲刺备赛。在保证常规教学的基础上,学校已在初中开设了理科分层教学实验班,也为探索"文理并举""多语助力下的多元发展"的人才培养模式开辟新的路径。

上外附中有一大批学有余力的学生有兴趣致力于数学、物理、化学、生物、计算机等不同学科领域的个性特长发展。就目前而言,学校培养以及合作共建项目对学生的个性化发展培养还非常有限,能够享受到市级层面、国

家层面优质资源的学生更是凤毛麟角。学校非常期待有更多请进来和走出去的课程和项目,目前学校正积极与复旦大学等世界一流名校接洽,在专业化的师资和课程课题资源方面进行交流合作,真正为具备创新潜质和学科专长的优秀中学生提供更专业和深度的指导,进而能为国家各领域拔尖创新人才源源不断地输送后备力量。

第五节　生涯规划:彰显具有国际胜任力人才培养的本色

培养具有国际胜任力的预备英才,所有素养的养成只是一种外部的支撑性的元素,更为重要的是,参与国际竞争与合作必须是一个能动的、自觉的人,要对自己的工作、学习、生活乃至未来的整个人生都有清晰的规划意识。因此,对学生进行生涯教育,唤醒他们的生涯规划意识,也是我们所倡导的具有国际胜任力的预备英才培养的重要内容。

追寻美好又完整的人是教育的永恒使命[①],这既是教育本质的体现,也是教育实现其价值的内在要求。教育是促进人的生存和发展、提升生命质量的活动。近年来,在对教育本质和目标的追问之中,人们越来越清晰地感觉到,教育的核心价值在于促进生命成长,在于实现人类幸福,由此,从教育与幸福的维度关照和推动教育变革成为教育内涵发展的新生动力。然而,值得注意的是,幸福既是现在的,也是未来的,未来属性是幸福的一个重要特点。这一方面意味着对于幸福的追求是驱动生命个体不断超越现实、走向未来的强大力量,另一方面也意味着教育对人类幸福的关怀不能仅仅聚焦于当下的生活,也应该着眼于未来的发展。正是从这个意义出发,生涯教育作为教育促进人类幸福的重要方式,开始成为教育改革与发展的重要关注点,成为教育

[①]　孟筱,蔡国英,周福盛.新时代教育发展的历史逻辑、理论意涵与实践路径[J].北方民族大学学报(哲学社会科学版),2019(06):149-153.

研究的热点领域和教育实践的施力重心。

一、打造了包容尊重、资源汇集的生涯教育系统

1971 年，美国联邦教育署长马兰(Marland)博士正式提出了"生涯教育"的概念，将以往单一以知识技能和从事职业为中心的就业指导与个人的价值观和职业观教育联系在一起，将就业指导拓展为贯穿人一生的生涯指导。随着人力资本理论和终身教育等理念的影响日甚，世界各国开始广泛关注生涯教育，并提出将生涯教育纳入 21 世纪教育改革和人才培养规划中。[①] 与此同时，在生涯教育与学校育人体系的整体变革互动之中，生涯教育与德育、课程、教学、教师发展、学生成长等学校教育的关键词之间的结合越来越紧密，生涯教育成为撬动学校育人体系改革的新的支撑点，成为各级各类教育体系中不可或缺的重要组成部分。其中最为显著的标志就是生涯教育研究的文献产出数量总体上呈现增长态势，研究的领域和主题越来越丰富，这一切都有力地支撑了生涯教育的实践变革。

中学阶段的生涯教育，特别是高中阶段的生涯教育，是当前生涯教育研究和实践关注的重要领域。对于高中学校而言，要结合新时代生涯教育的理念和学校个性化的人才培养目标，在多维度资源整合的基础上设计具有学校特质的生涯教育体系。

学校秉持以学生发展为中心的原则，以教师、家长、校友为主要人力资源，积极联动各方合力，同时以"内外结合，横纵拓展，一体设计"的思想推进整个生涯系统的运作，推进生涯教育系统的构建和运作。

二、形成了幸福导向的"PERMA"生涯教育活动集成

上外附中长期以来将生涯教育工作作为学生培养的重要抓手，并于 2012 年确立了"积极心理视角下外国语学校生涯教育模式探索与实践"课题。我

---

① 李金碧.生涯教育：基础教育不可或缺的领域[J].教育理论与实践,2005(07)：15-18.

们关注学生需求及积极体验,推动生涯教育高质量发展,这是引入积极心理的重要驱动因素。第一,生涯教育质量提升,建立现代化生涯教育系统的愿景,提高学生的积极心理所关注的幸福元素;第二,促进生涯教育公平,以平等和全纳理念,尊重学生个性发展需求,切实服务每一位学生的成长。

学校充分尊重学生个性化生涯发展需求,逐步形成以班团活动、志愿服务、探访交流、社团实践、创新研究为内容的五大生涯教育活动集成板块,并在活动的设计、组织、指导、展示等环节中结合积极心理学关于人生幸福的五大元素研究(积极情绪、积极投入、积极关系、意义和目标、成就感,英文首字母缩写简称"PERMA"),引导学生聚焦积极情绪体验,有效维持生涯探索热情,收获成就满足,促进生涯发展。

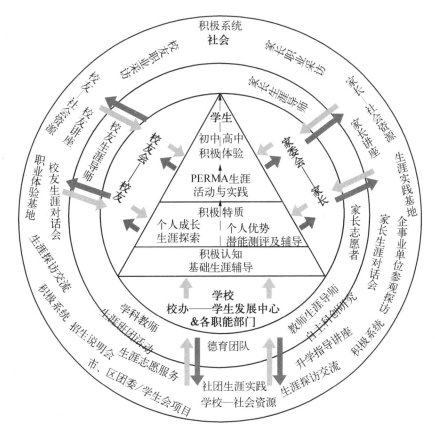

图 6-1 学校生涯教育积极系统架构

三、构建了聚焦优势的生涯探索与反馈指导机制

学校以自主探索与个性指导相结合的方式,建立了聚焦个体优势与潜能的学生生涯探索—记录—反馈指导机制,进一步提升生涯指导的效果,为学生提供科学有效的生涯支持。

通过多年实践,学校逐步形成契合外国语学校学生实际特点与发展需求的生涯教育模式,并在实践中取得了三个维度的创新突破。

其一,实现了积极心理学与生涯教育的有机融合。上外附中的生涯教育体系,致力于挖掘人类自身潜能和建设性力量,将以帮助人们实现人生幸福为目标的积极心理学与校园生涯教育进行有机融合。以积极心理学与生涯发展理论为指导,结合学校学生实情,构建生涯教育积极系统,推进生涯教育实施。学校在生涯教育的研究和实践过程中,将积极特质与个人优势美德引入学生的自我探索视野,助力学生自主全面探索,建立对自我、环境及未来发展的健康认知,树立自信,破解生涯干扰信息,有效应对生涯困境,激发生涯行动力;以幸福导向的"PERMA"生涯活动为载体,为学生创设积极的体验环境,推进个体生涯目标的实现。

其二,实现了一体化理念下生涯教育的设计与实施。"幸福不仅是目的,也是一种持续的战斗力",学校以七年一贯的培养模式及良好的德育活动资源为基础,充分尊重初高中学生心智发展特点及生涯发展需求,将自我认知、社会理解、生涯规划三大生涯教育任务在不同学年段进行拆分和渗透,纵向设计与横向资源系统相结合,助力学生生涯探索与实践,关注学生终生发展与持续幸福,建构了生涯教育与学生幸福之间的有效关联,更好地落实了教育关照人的幸福的基本价值取向。

其三,实现了系统视角下生涯导师队伍的有效助力。近年来,学校不断发展和完善生涯导师制度,建立"上外附中生涯导师制度",邀请校外专家、行业精英、优秀校友、学生家长及校内班主任、党团教师等构成稳定多元的生涯导师团队。高度重视生涯教育指导培训,积极搭建参访学习及讲座督导平

台,切实提升教师、家长及校友导师们的指导能力。每学期定期邀请导师们走进校园与学生们进行生涯对话,直接参与学生生涯教育指导,带领生涯探访实践等工作,支持学生走出学校系统,达成与社会的联结,促进社会理解。导师团队为学生生涯发展提供专业支持的同时也成为后续全员导师制推行的中坚力量,有力地支持了学校的学生发展指导工作。

为了更好地规范生涯导师的工作开展,发挥生涯导师团队应有的积极育人价值,上外附中通过《学生德育生涯导师团队的实施办法》的制定,对这一过程中的很多问题进行了明确。比如,规定了德育生涯导师的条件是:凡是本校校友、家长、社会专业人士以及本校教师,愿意结合自己的专业特长、职业经历和教育智慧为学生的成长、成才提供指引和帮助的,皆可成为生涯导师团队的成员。明确了德育生涯导师产生的方法,包括:方法一,班主任是德育生涯导师的直接自然人选;方法二,学校各级领导干部和学校党、团员教师主动带头率先成为德育生涯导师,为新形势下学校的育人工作作贡献;方法三,由学校直接向有过良好合作的社会专业人士、有专业经验的家长和各行业优秀校友发出邀请并接受邀请的,成为学校德育生涯指导的专家团队成员;方法四,本校校友、家长、社会人士、其他教师自愿向学生发展中心申请或由校友会、年级组家委会、教研组向学生发展中心推荐合适的人选,经审核成为学校德育生涯指导团队成员。《学生德育生涯导师团队的实施办法》还着重明确了学生德育生涯导师的工作内容和意义,认为德育生涯导师制是对学生成长进行个性化指导的育人机制之一。导师对学生的学业和生涯规划发展负有指导的责任,力争帮助学生找到适合自己的成长方向,成人成才。导师应尊重学生的人性、人情、人格,做学生的良师益友;在指导过程中应注意教育的个性化和层次性,讲究方法和艺术,注重教育效果。

应该指出的是,在当下的高中教育体系中,随着新课程改革的深入,学生综合素质考评的推进等,生涯教育受到了越来越多的重视。上外附中在开展生涯教育的过程中,主要凸显了三个特点:其一,是以研究的视角推动生涯教育,把生涯教育不仅仅视作一个常规性的活动,而是从课程、教学、育人的角度结合教育学、心理学的理念对其进行整体性的研究、开发和设计,建构了具有理论基础和实践操作可能的生涯教育系统。其二,倡导全员育人的思想,通过制度性的建设,发挥教师的立德树人主体价值,让教师以更加明确的目标和更加丰富的技能参与到学生的生涯指导之中,为学生整个中学生涯的成长发展提供必要、及时、科学、合理的指导。其三,着眼中学生成长的阶段性特征和学生全面发展需要,在生涯教育的内容体系上进行了思考和建构,着重凸显三个层面的关照。一是凸显对学生自我认识发展的指导,即指导学生探索、了解自身的兴趣爱好、能力特长和个性特征,发展积极的自我概念和生涯规划意识,提升自我调控、人际交往和社会适应能力,并在不断成长中形成健全的人格,树立正确的人生理想和价值信念。二是凸显对学生社会理解能力的培养,主要体现在指导学生增强社会意识、社会理解和社会责任感,认识个人与社会、学业与发展、当下与未来的关系,了解社会角色、社会分工的发展动态及不同职业的专业素养要求,形成对社会各行各业的尊重与理解。其中也包括如何去看待和理解这个日新月异、飞速发展的时代,并从中找到自己的位置和方向。三是凸显对学生生涯规划与发展的指导,即要求教师有能力指导学生在充分地自我认识和社会理解的基础上,掌握学业规划与职业规划的主要方法,综合各类信息,平衡个人发展和社会发展的需求,制定适合自己的学业发展目标和计划,初步设计合理的职业和人生发展路径。

总而言之,人才培养是教育的核心问题,也是一切教育改革与发展的最终价值归宿。对于学校而言,培养高质量的人才,既是时代发展赋予学校的神圣使命,也是学校办学价值、办学质量的最终体现,任何一所有责任感、使命感的学校,都会在人才培养上精雕细琢,都会将高质量人才培养作为改革发展的核心追求。对于上外附中而言,我们一直认为在人才培养上的特色打造是学校发展具有持续生命力和影响力的核心。在未来的学校建设和改革发展中,我们也将持续以人才培养问题为中心,通过人才培养方式的不断创新更好地助力具有国际胜任力的预备英才培养,也更好地承担为党育人、为国育才的价值和使命。

第七章

综 合 治 理

——拓展具有国际胜任力的预备英才培养之境

　　学校治理是一个系统工程,包括学校发展理念的澄清,需要课程、教学等核心领域的建构,需要教师、学生、家长、社会等力量的协同,需要学校发展诸要素的优化重组和系统保障。上外附中无数优秀的教师和学生共同书写了属于学校的荣光。如何让上外附中能够在未来的发展中接续荣光,这是我作为校长必须要努力思考的问题。我的思路是结合现代教育治理理念,通过学校治理体系和治理能力的持续提升,不断优化学校治理,为学校未来的可持续发展、高品位发展赋能,也进一步拓展具有国际胜任力的预备英才培养之境域、境界。

对于学校而言,人才的培养是一个系统工程,课程、教学、教师是核心的支撑,但是仅仅依靠这些领域的建构是不完整的,必须要通过学校综合治理体系的建构和完善,形成人才培养的系统性支持。

2014年8月,俄罗斯首都莫斯科气候宜人,凉风习习,但8日至11日隆重举行的SAGE赛智世界杯决赛让这里"气温"骤升。来自美国、加拿大、南非、尼日利亚、俄罗斯、爱尔兰、新加坡、中国等14个国家的团队参加了此次盛会。作为今年赛智中国赛区商业组的冠军,上外附中Powerstep团队在陈凤雅老师的带领下参加了本次世界杯赛,经过数轮的顽强拼搏,力压群雄,一举夺得世界冠军,使得上外附中赛智社团成功卫冕。

类似的精彩故事,每天都在上外附中上演,无数优秀的教师和学生共同书写了属于学校的荣光。如何让上外附中能够在未来的发展中接续荣光,这是我作为校长必须要努力思考的问题。我的思路是结合现代教育治理理念,通过学校治理体系和治理能力的持续提升,不断优化学校治理,为学校未来的可持续发展、高品位发展赋能,也进一步拓展具有国际胜任力的预备英才培养之境域、境界。

党的十八届三中全会正式提出"推进国家治理体系和治理能力现代化"之后,治理和教育治理遂成为公共政策话语,并引发研究升温。在这一过程中,教育治理和学校治理问题也逐渐成为教育研究和实践的重要领域。学校治理是教育治理的重要组成部分,表面是学校内外部关系的重构,核心是建构高质量的学校"善治"体系,不断提升学校的整体质量和发展水平。这意味着,现代学校治理必然有着其内在的价值指向,必须思考学校治理的价值追求和价值立场。① 从根本上说,这种价值就是通过高质量治理打造高质量教育,依托高质量教育,实现学生高水平发展。

学校治理是一个系统工程,包括学校发展理念的澄清,需要课程、教学等核心领域的建构,需要教师、学生、家长、社会等力量的协同,需要学校发展诸要素的优化重组和系统保障。对于新时代的学校发展而言,治理实际上提供了一种引领学校规范变革、有效变革的新理念,提供了学校办学治校的新思维。着眼于学校高质量治理体系的建构,我们依托"十四五"规划的制定,对未来学校的治理体系建构进行了系统性谋划。

第一节　坚持党的领导,把牢学校治理方向性

党的领导是中国特色社会主义教育事业发展的最核心特征,加强党的领导,既是推进学校治理现代化的必然要求,也是优化学校组织领导体系,推动学校整体改革发展的题中之意。落实党的领导,一方面,要坚持党组织领导的中小学校长负责制,这一制度是中国共产党在领导教育事业过程中逐步形成,符合我国国情和基础教育特征的中小学领导体制②。另一方面,要将党的领导有机落实到学校治理体系和治理能力的现代化建设之中。贯彻落实党组织领导的校长负责制,属于中小学教育领导体制改革,是中小学内部治理改革的一部分,必须要从中小学校治理体系和治理能力现代化的视角定位、布局③,要结合学校具体情况进行有效的设计和实施。

对于上外附中而言,外语类学校的属性意味着加强和完善党的领导工作,是一项坚决而又任重道远的工作。学校要坚持党的领导,加强党的建设,树牢"四个意识",坚定"四个自信",坚决做到"两个维护";坚决贯彻党的路线

① 蒲蕊.新时代学校治理的价值追求[J].中国教育学刊,2021(04):1-4.
② 顾秀林,张新平.党组织领导的中小学校长负责制:历史沿革、时代价值与实践路径[J].中国教育学刊,2021(05):16-19.
③ 张爽.中小学治理现代化视域下落实党组织领导的校长负责制省思[J].中国教育学刊,2022(07):5-9.

方针政策和党中央重大决策部署,坚持全面从严治党,不断提高党的创造力、凝聚力、战斗力;贯彻落实好新时代党的组织路线,发挥党的组织优势,坚持党管干部原则,抓好选人用人,发挥附中党委作为基层党组织的战斗堡垒作用和全体党员的先锋模范作用,以党风带教风,以党建促教学,着力构建风清气正的教育政治生态,完善制度体系,抓牢意识形态工作,提升治理能力。

一、坚定正确政治方向,为人才培养举旗定向

人才培养,既是一个教育工作,也是一个政治工作。加强党的领导,是当下学校人才培养的重要命题,从多个维度入手,切实加强党的建设,特别是党的思想政治建设、组织建设和党员队伍建设,发挥党对学校各项工作的政治核心和组织引领作用,是未来学校发展的关键任务,也是提升学校综合治理能力,确保参与全球治理的预备英才培养正确政治方向的内在要求。从这个角度出发,着眼未来,在建构参与全球治理的预备英才培养过程中,学校要一刻不松地持续推进党的建设工作,把新时代加强中小学党建工作的重要政策、文件、制度等有效落实到学校治理的实践过程,转化为人才培养的独特要求。

（一）要进一步加强理论学习

党十八大以来,以习近平同志为主要代表的中国共产党人,顺应时代要求,结合新的实际,科学回答了事关党和国家前途命运的一系列重大时代课题,创立了习近平新时代中国特色社会主义思想,把党的领导摆在首位,把中国特色社会主义这个主题和怎样坚持和发展中国特色社会主义,怎样建设社会主义现代化强国,怎样建设长期执政的马克思主义政党三大时代课题统一起来。作为教育工作者,我们更要先学一步、学深一步,全面理解、深刻把握这个思想的重大意义、核心要义、精神实质,通过实践要求,坚持不懈用真理武装我们的头脑,用真理指引我们的思想,指引我们的理想,坚定我们的信仰。要将习近平新时代中国特色社会主义思想、党的二十大精神、习近平总书记关于教育的重要论述、全国教育大会精神等内容列为学习重点,纳入教职工理论学习内容,及时跟进学习习近平总书记最新重要讲话精神,以党的

先进理论指导工作,充分发挥领导班子的示范带动作用,鼓励广大党员、教职工们积极学习。

(二)要进一步加强党组织和党员队伍建设

要加强党委建设,在思想上、政治上、行动上始终同以习近平同志为核心的党中央保持高度一致,对党忠诚、立场坚定。强化党风廉政建设,加强对"三重一大"事项的监管,认真执行民主集中制原则,提升班子整体功能和议事决策水平,提升党委的决策力。以加强基层党建带动工会、共青团等群团组织,为党组织培养和吸纳优秀人才,促进学校稳步发展,办好人民满意的教育。一是要充分发挥党组织和党员教师队伍战斗堡垒的作用,切实加强思想理论学习,将先进理论转化为工作的支撑和动力。明确为教育教学服务、为教师服务的党员队伍建设目标,推动党员教师制定理论学习和交流讨论计划,将党组织的学习目标和学校的工作目标深度融合起来,鼓励以党员教师为骨干,以点带面辐射带动全体教师自觉、持续地学习,不断审视和挑战自我,向着成为德才兼备的教师模范而努力。二是要领导带头,充分发挥党员模范先锋作用,服务教学质量提升。领导干部要当好一面旗帜,引领党员教师积极参与上党课、公开课、示范课,坚持"把优秀党员培养成为骨干教师,把骨干教师培养成为党员"的发展目标,带动全体教师快速成长,成为学校教育教学的中坚力量,为学校人才队伍建设打好思想基础。三是要进一步优化党员队伍。以谈心谈话、工会活动等形式畅通全体教师参与民主决策的渠道,增强参与的积极性,借助信息技术和多元化的资源优势,提升党员日常教育管理的有效性。

(三)要进一步完善制度体系

坚持依法治校,推动制度建设,推动校园高质量发展,进一步健全全校教师的理论学习制度,不断提高各级党员干部和教师的理论学习水平;不断完善和强化党员干部民主生活制度,过好基层党组织生活,运用好批评以及自我批评的武器,在领导班子之间、党员之间、不同党组织之间开展积极的总结与反思;通过互相提问题并相互监督落实整改,不断增强班子凝聚力,提高全体党员教师自省自律能力;强化监督,不断提高领导干部自省自律的能力;继续修订、完善、补充相关配套的规章制度,用制度管人管事,健全学校自主发展、自我约束的运行机制,加强学校各项制度的建立和执行的监督职责,抓好意识形态工作和阵地建设,提升管理效能,推动附中教育教学的高质量发展。

二、"党建+"深度融合,彰显学校改革发展特色

新时代学校的党建工作是一种守正创新的创造性工作,需要彰显党建的特色和风采。近年来,学校在党建工作上进行了一定的思考和探索,但是总体而言,结合学校特色开展的党建工作特色化、品牌化建设力度不够。因此,着眼未来,要在党建工作的特色建设上持续用力,特别是要通过党建与学校管理、课程、教学、师资队伍建设等领域的深度融合打造党建特色,以有效提升学校党建工作的整体品位,也让党建与学校其他事业的发展真正融为一体,充分发挥党建对学校整体改革发展的核心引领价值。

(一) 推动"党建+学校管理"特色建设

"党建+学校管理"特色建设是推动学校科学发展的重要途径,也是提高党组织建设水平的重要手段。通过推动"党建+学校管理"特色建设,持续健全完善学校党建的制度建设,根据党内最新文件精神,及时做好相关制度的废改立工作,可以在加强组织领导、强化党建引领、深化教育实践活动、加强制度建设、推进民主管理和加强宣传工作等方面取得更加显著的成效。

进一步健全党政协同的工作机制,确保学校工作与党的工作"同步计划、同步实施、同步考核",通过加强学校党组织建设,提高党组织的凝聚力和战斗力。学校建立了定期联席会议制度,实施工作协调和沟通机制,加强党政领导之间的信息交流和协同配合。制定科学合理的工作计划,明确工作目标和任务,确保学校工作与党的工作相互促进、相互支持。在重大活动中,要实施"事前提醒、事中监督、事后考核"的工作机制。事前提醒是指在重大活动前,党组织要及时提醒并协助学校各部门做好准备工作,确保活动的顺利进行;事中监督是指在活动进行中,党组织要加强对活动过程的管理和监督,防

止出现违规行为和不良后果;事后考核是指活动结束后,党组织要及时对活动的效果进行评估和考核,总结经验教训,提出改进措施。最终形成具有学校特色的党政协同工作机制,促进学校各项工作的顺利开展,提高学校的管理水平和办学水平,推动学校的可持续发展。同时,也可以增强党组织的凝聚力和战斗力,提高党员干部的素质和能力,推动党的教育事业不断向前发展。

探索以优良党风引领优良学风、教风、校风建设的有效方法,进一步营造"学先进、赶先进、创先进"的浓厚氛围。一是加强党组织的领导作用。党组织是推动学校各项事业发展的核心力量,通过加强党组织建设,提高党员干部的政治素质和思想觉悟,使其在学风、教风、校风建设中发挥表率作用。二是加强师德师风建设。教师是学校教育的主力军,师德师风直接关系到学风、教风、校风的好坏。学校通过开展师德师风宣传教育活动,树立先进典型,表彰优秀教师,激发广大教师爱岗敬业、教书育人的热情。同时,要加强对教师职业行为的监管,建立健全师德师风建设长效机制,对违反师德师风的教师进行严肃处理。三是加强学风、教风、校风建设。优良的学风、教风、校风是学校教育质量的重要保障。学校通过推进党务公开,增强党组织工作的透明度;加强校园文化建设,营造良好的育人环境;建立健全师生意见反馈机制,及时了解师生的需求和意见,积极解决师生关注的问题。四是营造"学先进、赶先进、创先进"的浓厚氛围。通过加强宣传教育,宣传先进典型的事迹和精神,激发全校师生的向心力和创造力,鼓励全校师生员工积极参与到学风、教风、校风建设中来,充分发挥其主体作用,共同推动学校各项事业的发展。

(二) 推动"党建+课程教学"特色建设

一是以"大思政课"理念推进学校德育和思政教育改革,探索习近平新时代中国特色社会主义思想进课堂、进教学。"大思政课"理念是一种强调全面、全员、全程育人的教育理念,旨在将思想政治教育贯穿学校教育的各个方面,充分发挥思政课在德育和思想政治教育中的核心作用。这一理念强调将思想教育、道德教育、法治教育、心理健康教育等多种教育元素有机融合,形成协同育人的格局,更好地培养德智体美劳全面发展的社会主义建设者和接班人。学校在改革发展中始终坚持将"大思政课"理念融入学校教育的各个方面,通过发动全校师生共同参与,不断深化课程改革和教育方式创新,将思想道德教育贯穿各个学科的教学过程中,实现全员育人。同时,也特别注重德育课程与其他课程的有机融合,通过多样化、交互性、趣味性的教学方式,增强学生对思想政治理论的理解和认同。

二是依托虹口区优良的党建和思政教育资源,着力推进具有学校特质的红色课程建设,完善思政教育的特色校本课程,拓展课程思政的实施路径。学校将红色教育纳入学校的课程体系中,通过结合虹口区的历史、文化、人物等深入挖掘红色资源,整理出一套适用于本校的红色教育课程。同时,组织学生参加红色研学、红色文化讲座、红色文艺演出等活动强化实践体验,让学生通过亲身体验深刻领会红色文化的内涵和价值。

三是落实新课程标准,凸显学科的立德树人价值,在各科教学中,注重将红色教育渗透其中,如语文课可以选取红色经典文章进行阅读和赏析,历史课可以讲解中国共产党的历史和人物事迹等。通过学科德育、学科思政改革,将党史、党建等内容与学科教学有效融合,拓展学科育人效能。

(三)推动"党建+人才培养"特色建设

以党建引领人才培养方式变革,落实"三全育人"和"全员导师制"理念,实现党组织、党员队伍全程介入,营造有利于学生德智体美劳全面发展的育人氛围。依据标准优化党建阵地,需将校园文化、党团活动、拓展课程等与党建文化融合在一起,推动新时期中小学党建工作提质增效。持续关注学生的思想、政治、道德素质发展状况,经常性研究分析如何把习近平新时代中国特色社会主义思想融入教育教学全过程,促进青少年学生养成良好思想品德和行为习惯。根据党的教育方针和党中央关于教育改革发展的重大决策部署,结合学校特点制定健全的学生成长与成才规划,以实际行动推进中国式基础教育现代化发展。结合学校实际,探索外语类学生培养过程中党建工作有效融入和引领的机制,形成可共享的党建工作思路,唱响外语类学校党建工作的"好声音"。

其四,推动"党建＋师资队伍"特色建设。学校党建工作在引导教师专业成长过程中的作用是至关重要的。党组织应当充分发挥职能,积极引领教师专业成长,造就一支专业意志坚定、专业素质过硬的教师队伍,从而促进学生的健康成长和学校的可持续发展。上外附中通过将党建引领与学校原有的教师专业发展校本支持系统相结合,探索党建融合教师队伍建设的有效方式,形成党建引领教师师德师风建设,党建引领教师专业素养提升,党建引领教师生涯规划等领域的特色做法,促使教师队伍专业发展显著提升。

第二节　科技赋能教育,推动学校治理现代化

学校治理能力现代化是学校教育制度与规范的执行力、协调力和调整力等不断提高的过程,要处理好主体多元化与共同治理、客体类型化与学校自治、权利义务的规范化与依法治校等问题。[①] 不仅如此,学校治理现代化,也要在"现代化"上进行探索,即有效利用信息技术带来的改革契机,以信息化赋能学校治理现代化。学校管理者必须有未雨绸缪的思想状态,积极探索以信息化推动教育治理现代化的可能性举措。

根据上海市"十四五"规划中强调的"发掘潜质、激发兴趣、指导学习、成就价值",我们立足学校办学特色,以"培养具有国际胜任力的预备英才"为目标,以学生发展、信息技术与教育教学深度融合为工作重点,深入探索在多语种课程实施和国际理解力培养方面的信息技术应用,加快校园信息化建设。以建设信息化标杆校为契机,积极推进以"育人为本"为目标的信息化内容建设,争取到"十四五"末,学校信息化建设与管理水平符合市教委有关未来智慧学校的建设与评价标准,信息化治理、服务更加科学、便捷、高效,能密切结

---

① 陈克军,华文立.学校治理体系与治理能力现代化探析[J].重庆科技学院学报(社会科学版),2015(05):100-102.

合各学科、各职能中心的发展需要,为教学和科研提供强有力的信息技术支持。

一、建用并重,推进新型信息化基础设施建设

学校持续推进信息化基础设施建设是提升教学质量和优化学习环境的重要措施。通过提升网络覆盖、优化服务器和存储、加强安全防护、建立数据中心、更新终端设备、部署多媒体教室、发展在线教育、智慧校园建设、移动学习推广以及培训与支持等方面的努力,学校可以更好地满足师生的教学和学习需求,进一步推动教育信息化的进程。

随着教育信息化技术的不断发展,上外附中坚持与时俱进,加快新型信息化关键基础设施建设,努力营建新型校园网络基础架构。建设高速稳定安全的校园网,推进校园有线主干网及无线网络的全面升级,互联带宽稳步增加,实现无线网在教学区和宿舍区的无死角全覆盖;及时更新终端设备,如计算机、平板电脑、投影仪等,以确保师生能够使用最新的设备进行教学和学习;逐步更新广播电视网,保障广播电视信号传输和质量的可靠性;积极探索运营商 5G 网络与校园网的融合,更好满足师生对高速网络的需要;积极推动智慧校园建设,实现校园内各项事务的智能化管理,实现高传输速率、低网络延迟,满足未来 AR/VR 沉浸式教学、高清视频、物联网通信、智慧安防、考场巡检等大数据量传输的需要,提高信息化基础支撑能力;科学合理建设和运维各类机房与学科创新实验室。

二、智能发展,针对性开发应用打造智慧校园

信息技术中心作为信息化建设职能部门深度参与各业务系统建设和数据管理工作;实现全面的数据交换和共享,以技术创新驱动管理变革,致力于提高数据服务便捷性;打通各项业务流程,提高学校内部治理水平;加强数据分析,提高决策支持智能化;为广大师生提供便利化、数字化、智能化的学习与教学管理模式。整合上述系统建设,持续推进学校关于创建上海市教育信

息化应用标杆学校的建设任务,争取在"十四五"末实现基于"国际型预备英才"的理念打造"一个赋能＋两个体系"的建设目标,即以信息技术手段 ICT 助推"多语种课程实施"和"国际理解力培养"的智能发展;同时构建数据评价体系和课程资源体系来服务多语种课程教学和国际理解力的培养。

同时,学校始终坚持网络正向功能应用,释放网络空间育人正能量。青少年是网络文化的参与者、推动者,是校园网络文化建设的直接受益者,也是维护网络空间的重要力量。由于处于特定年龄段,青少年学生用网习惯有其特殊性,对各类新事物接受速度快,思维活跃,已成为网络内容重要的接收、生产、分享主体。而当前面对众多网络平台应用和各类网络信息,学生在网络应用中呈现的自我保护欠缺、网瘾沉迷、非理性言行等,显示了学生网络素养薄弱,也影响了网络正向功能发挥。学校每年坚持问题切入,遵循学生特定年龄的网络使用习惯,从多维度展开全面研究,考察实情、总结规律、探索对策;以坚持发挥网络正向工具性使用功能为突破,联动发挥各类新媒体平台、网络应用的效能,探索多方规制和边界约束,全方位立体式加强网络育人,提升和强化学生网络素养,培育正确用网习惯,实现网络行为安全规范,营造校园共建共治共享的清朗网络空间,释放网络空间育人正能量。

三、防范风险,着力构筑好网络安全保障屏障

学校健全网络安全管理机制,建成系统化的网络安全保障体系,加强网络安全宣传、提高师生的网络安全意识,增强师生的实践能力和防护技能,提升师生对《网络安全法》《个人信息保护法》等法律法规的认识水平。随着信息技术在教育教学中的逐步深入,上外附中坚持开展针对全体师生的系列信息化常态化培训和宣传,提升师生信息化素养,更好地在教学、学习中运用信息技术。

在实践工作的基础上,上外附中也始终注重驱动现代信息技术融合发力,赋能网络安全教育系统建构。学校坚持顺应我国数字文明建设新形势,努力拓展校园师生数字生活、数字学习、数字工作新场域,完善网络信息服务

综合治理,打造贴近师生新阶段网络安全生活需要的高品质内容供给系统,重视移动互联、虚拟现实、大数据、人工智能等信息技术和网络思政教育的契合与融合,尤其关注在创新网络流量分发模式和保障信息安全过程中实现最佳契合,达成校园网络安全教育过程性要素动态、实时、全面地聚合发力,不断巩固校园网络信息安全服务发展成果,推进师生网络信息安全提取和育人效果精准落地,赋能新时代网络思政方法系统建构,在新技术新应用过程中不断探索网络安全教育活动的内涵建设、结构整合与发展逻辑。

第三节 打造品质后勤,探索学校治理精细化

后勤管理是学校日常管理工作中不可或缺的组成部分,而且在一定程度上能够直接或间接地影响学校管理工作的顺利开展,甚至决定着学校办学水平的高低。尤其随着现代信息技术的发展,师生服务需求不断增多,急需学校后勤管理水平与之匹配。[①] 如何在信息时代通过理念和方式的创新,打造契合时代发展和学校教育变革的后勤工作体系,提升后勤工作的品质,也是学校治理现代化建设过程中的重要工作。

一、明确后勤管理原则和方向,探索精细治理

精细化管理是源于发达国家的一种管理思想,通过精细化管理,企业优化其生产流程和管理流程,最大限度地减少管理所占用的资源和降低管理成本。随着我国教育改革的不断深入,教育的发展已由低质量的规模增长转向扩大优质资源总量,由粗放型的学校管理转向集约型的学校经营,由只关注学生升学转向关注学生全面发展。在这种趋势下,在教育领域中引入精细化管理的理念为教育事业的发展增添了新的元素,一所学校能否成为精品学

---

① 何国强.“新技术赋能新后勤”:打造智能型学校后勤体系[J].中小学管理,2020(04):49-51.

校,精细化的领导成为学校发展新的增长点。[①] 从学校管理的实践看,精细化管理是一种相对于粗放型管理的理念,它更加强调对学校发展基础情况、现实样态的精准把握,强调对师生生命和成长的关注,倡导用更加健全、精准的制度建设、组织建设、文化建设等,建构学校管理的框架体系,及时发现和解决学校发展过程中存在的问题,形成支持学校稳定发展的组织和制度体系。在我看来,运用精细化管理的理念改造传统的后勤管理,能够建构起契合教育治理现代化的后勤工作体系。

基于上述思考,上外附中紧紧围绕"主动服务、规范管理、创新思路、前瞻规划"的工作原则,完善和健全各项规章制度,强化后勤内部管理,挖掘后勤工作潜力,全面提升后勤服务成效和创新能力,打造安全、绿色、温馨、智慧的校园环境,做好学校教育教学的服务保障工作。

二、优化后勤服务意识和品质,提升保障水平

学校后勤服务是保障教育教学工作顺利进行的重要环节,直接关系到师生的生活和学习。因此,我们努力提升后勤工作层次和品质,形成主动、服务、创新、专业的附中后勤工作特色,强化主动性,发挥后勤人员主观能动性,积极为师生员工和教育教学提供优质服务。

(一) 牢固树立服务意识,提升服务流程精细化水平

上外附中后勤部门始终将服务好全校师生作为学校后勤管理的宗旨,创新管理,把师生的需求放在首位,以主动、热情、周到的服务理念为导向,注重加强与师生的沟通,充分了解师生的需求和意见,及时改进服务。一是明确各项服务的流程和标准,确保服务质量;强调团队精神,倡导协同合作,提高整体服务水平。二是学校在后勤服务过程中引入品质管理概念,关注服务过程中的细节,明确设定品质目标与要求,如服务态度、工作效率、卫生状况等,定期对服务项目进行检查和评估,确保每个环节都达到预期的标准。三是通

---

① 顾绍琴.精细化领导——学校管理新理念[J].教育理论与实践,2010,30(26):21-22.

过制定详细的服务流程规范,包括服务申请、处理、反馈等环节,推行一站式服务,整合各项服务资源,方便师生办理各种事务。四是落实服务评价机制,持续优化服务流程,提高服务质量和效率。学校建立后勤部门服务质量评价机制,定期开展服务质量调查和分析,了解师生对后勤服务的评价和意见,深入挖掘服务中存在的问题和不足,及时反馈调查结果,落实改进措施。

(二) 加强业务知识学习,提升后勤管理工作专业度

一是认真学习行业标准与规范。后勤管理工作涉及多个领域和方面,如安全、设施维护、环境卫生等。为了更好地进行管理工作,后勤工作人员需要了解相关的行业标准和规范,包括国家法规、行业标准、操作规程等。同时,还需了解这些标准和规范在实际工作中的具体应用,以提高学校后勤保障的质量。二是提高后勤服务运营管理水平。后勤服务涉及食堂、绿化、物资等各类与师生学习生活息息相关的重要领域,关系到广大师生的身体健康和文化需求。因此后勤工作人员需要提高各类项目运营管理水平,尤其是食堂严格执行食品安全法规和卫生标准。例如,学校通过制定合理的菜单和营养计划、安排专业的厨师和工作人员团队等措施,确保学校食堂食品的质量和营养价值。

三、健全精细管理机制和功能,提升服务效能

(一) 增强资源和经费使用效能,强化保障机制

结合学校实际情况,主动对接相关职能部门,争取更多社会资源支持学校办学,在教职工的工作环境、学生的学习环境、师生活动与生活环境的改善上有所作为。加强预算管理,提高经费使用效益,逐步构建适应学校办学实际的经费投入模型,努力稳定基本支出,压缩消耗性支出,扩大可支配经费空间,保障学校重点建设项目。在发展的过程中,进一步明确办学财力,增强学校事业发展的可持续性。同时加大信息公开,进一步完善廉政的长效机制和内部控制机制。

(二) 创新后勤服务的技术手段,构建数字场景

创新服务手段,建立和完善各类财务系统,完成预算管理系统、网络报销

系统、收费系统和资金支付系统的全面整合,完成与学校相关部门管理系统的数据对接,建立财务信息化综合管理服务平台,打造"数字化财务",全面提升学校的财务信息化水平。

(三)推动基础设施的综合改造,完善服务功能

做好学校基础设施改造、设备资料购置及房屋修缮三大类项目申报和施工工作。结合项目规划,加强与相关部门沟通,优化申报流程,推进申报工作顺利完成。根据学校资金申报情况和使用需求优化设计方案,精心安排施工,严格把关工程质量。以高度的工作责任心和对学校工程是百年大计的使命感,力争用五年时间基本完成学校设施功能综合改造及设备更新换代。

第四节 筑牢安全防线,落实学校治理常态化

学校安全管理是学校工作的底线。运用现代学校安全管理观念,筑牢学校安全防线,是建构现代学校治理体系中不可忽视的内容。基于这一认知,上外附中认真贯彻落实中央、地方及相关上级部门关于校园安全工作的指示精神,坚持"谁主管谁负责""党政同责""一岗双责"的安全原则,坚持安全工作须"预防为主"的工作方针,从严从细抓好日常安全工作。

一、提升素养,加强全员安全教育

(一)加大安全宣传教育力度

充分发挥好学校开展安全宣传教育工作的主体作用,依托市级层面统筹提供的安全宣传资料,上外附中积极创新形式,结合自身特点开展了一系列校本化的安全宣传特色活动,形成线上线下立体化的安全宣传教育机制。通过开设校本课程、打造安全教育主题活动、开展安全教育竞答竞赛等形式丰富的课程和活动,培育提升师生的安全素养和安全意识。积极利用大屏、宣传栏等校园宣传阵地,播放安全教育宣传内容,组织师生学习安全宣传教育

讲座。依托校园新媒体网络平台和应用,形成多方位、立体式的安全宣教氛围,旗帜鲜明地开展安全宣传教育。联动街道、社区的安全教育工作,邀请公安、消防人员来校进行专题宣讲,把安全宣传教育融入日常工作与学习之中。

(二) 加强安全宣传教育队伍建设

一是突出重点人员安全教育。对校部门治安责任人、重点组室安全员及重要岗位的外聘人员,利用定期例会、随访随谈、巡查巡检等方式,进行安全教育。二是引导广大教师积极投身校园安全宣传教育阵地建设,将安全教育内容的权威性和主流引领与扩大覆盖面、突出互动性、提升活跃度等宣传教育方式紧密结合,构建以教师为主体的校园传播矩阵,让安全教育正能量通过有针对性的途径精准打入学生圈层,全面建强安全宣传教育工作主阵地。

(三) 加强学生安全意识教育

上外附中坚持学校主导,多方参与,将安全宣传教育工作融入日常,着力培育提升学生的自我安全防护意识,提升基本防护技能。学校充分利用班会课、安全教育课及寒暑假前假期安全教育的形式,增强学生自我保护意识。同时加强班主任与家长的经常性沟通,形成家校共管局面。在特殊时期、特定活动前重点关注开展安全防范教育。对学校而言,在日常工作中推动安全教育活动与本校现有教育教学工作有机结合,培育和激发学生创新精神和科学精神。对学生而言,中学生作为即将成年的群体,需要适当引导。安全技能的培育有助于他们掌握必要的安全知识,提升自我保护意识。对社会而言,在网络信息时代,加强中学生安全教育,可以避免游戏沉迷、隐私泄露、财产损失等网络安全悲剧的发生。对国家而言,青年人是国家的希望和未来,提升学生的安全素养,有助于为人才培养巩固坚实的基础。

二、筑牢屏障,加大安全经费投入

全面落实"技防、人防、物防"相关规定。"技防"是指利用技术手段提高安全防范能力。上外附中注重加大投入,增强新技术、新设备的使用,保证校园技防设施设备全面覆盖学校,不留死角。更新1、2号楼、地下停车库和地下操场及校园周边围墙的监控系统;更新3号楼、食堂和学生公寓的消防水带等。这些技术设备可以有效地监测和预防可能存在的校园危险等。同时,学校也注重对技防设备的维护和更新,确保其正常运转。

"人防"是指加强人员管理,提高安全防范能力。一方面,提升安保人员的安全防范意识,通过专业训练不断增强安保队伍的专业素质和责任心。严格落实安全日查日巡、周末必检、每月每季及重大节假日、寒暑假前全校大检查等制度的落实、执行,督促各部门、各组室认真执行校园安全规定。另一方面,加强对进出学校的人员的管理。建立访客登记制度、学生宿舍出入管理制度等规定。联动街道、公安等单位严格加强校门等关键场所的安全防范,随时警惕可能出现的安全隐患。

"物防"是指利用物品加强安全防范能力。学校加大经费投入,重新规划、使用学生公寓地下室。投入资金购买消防器材、安全帽、火灾演练等防护用具,以备不时之需。同时,通过定期检查,保证校舍、楼梯等建筑物的质量安全,防止因建筑问题导致的安全事故等。

三、齐抓共管,强化安全协同治理

上外附中积极研判校园安全形势,查找安全隐患及薄弱环节,加强与各部门之间信息互通,形成齐抓共管的良好氛围。

一是协同加强消防安全教育。消防安全设备是校园安全的必备设施,包括灭火器、消防栓、烟雾探测器等。为了提高学生的消防安全意识,学校与虹口消防救援支队联动共建,定期组织消防知识讲座和消防实践演练,让学生了解在火灾发生时如何正确地使用消防设备。

二是协同加强交通安全教育。学校积极与广中警署建立联动机制,邀请交警同志来校进行现场讲解,让学生了解交通安全知识。学校还组织学生参加交通实践活动,如道路安全演练等,让学生在实际操作中掌握交通安全知识。

三是协同加强网络安全教育。为了让学生了解网络安全知识,学校与上海教育系统网络文化发展研究中心建立合作机制,组织网络安全进校园以及网络素养提升专题活动,帮助学生了解网络安全的基本概念、网络诈骗的手法和防范措施等,让学生了解如何正确使用网络、识别网络陷阱和防范网络诈骗等知识。

四是协同开展应急救援培训与演练,学校积极与上海外国语大学保卫处保持联系,结合学校实际情况,联动加强紧急救援设备储备及培训工作。设立紧急救援预案,包括紧急联络机制、救援流程和责任人等。通过定期组织演练和培训,加强学生和教师对紧急救援设备的了解和使用能力,通过实际操作,让学生了解在遇到各种紧急情况时如何正确应对。每次演练结束后,学校会进行总结和评估,发现和改进存在的问题,不断提高学生的安全意识和应对危险的能力。

第五节　注重家校联动,彰显学校治理协同化

在现代教育治理体系中,家庭和社会被视作一种重要的治理资源,推进学校治理体系的现代化建设,一个重要的向度就是有效吸纳家庭和社会资源参与学校治理,发挥家庭、学校、社会的协同育人作用。家庭和社会是教育事业发展的重要支持力量,如何跳出传统的家校合作思维定式,从推进学校教育治理体系现代化的角度重新审视家校合作、校社合作的新理念和新路径,不仅关系到学校整体的内涵发展和品质提升,关系到学生成长的完整的育人体系建构,也在很大程度上决定了基础教育办学体制改革的有效性水平。对于具有国际胜任力的预备英才培养而言,其成长和发展需要一种系统性的支持,也就需要在学校教育的基础上有效整合和利用校外资源,形成一种内外协同的完整育人体系。

从理论上说,家校合作符合教育治理的核心要义和价值追求,是推进教育治理体系,特别是学校治理体系现代化的题中之意。从实践上说,通过有效的家校合作机制,促进家长有效参与学校治理,是当前世界教育改革的重要领域,也是一种全球性的普遍趋势。但是在具体的实践中,尽管各学校都普遍重视家长的"教育合伙人"身份和价值,但是家长、家庭对于学校教育、学校治理的参与水平,整体上看是处于一种相对低水平的状态的。着眼未来,上外附中希望能够在更高层次、更高水平上整合利用家长资源,更好地实现家校协同育人。

一、完善家校共育的组织机构,延展家校共育平台

家长参与学校治理必须依托相应的机构和组织,其中最为常见的是家长委员会。早在 2012 年教育部下发的《就现代学校制度建设征求意见稿》中就已经明确指出,要建立健全中小学家长委员会制度。作为家长参与学校治理、支持和督促学校发展的重要群众性组织,家长委员会的建设在现代教育治理体系下也要实现从"有"到"优"的转变,创新建设方式,提升自治能力,是现代学校家长委员会建设的共性要求。基于这样的认识,在未来的学校建设和改革发展中,要对家校合作的组织机构建设,特别是家委会的建设给予足够的重视。一方面,要本着"自愿报名、积极参与"的原则,通过自荐与推荐相结合的方式,合理选择家委会成员,真正把那些具有服务学校发展、服务师生成长热情的家长纳入家委会的组织机构之中;另一方面,要完善家委会的体系,健全家委会的工作制度,对家委会成员及其工作明确制度性的要求,提升家委会工作的规范性和有效性,为家校同心协力育人的发展内涵注入新动力。

二、开展家校共育的特色活动,拓宽协同育人路径

家校能否实现共治以及家校共治的层次、深度,决定性的因素在于学校,学校必须要树立坚定的家校共治意识,转变自身的管理理念和决策方式,形成有助于家长参与的学校决策机制。由此出发,未来学校发展要更好地吸收

利用家长资源,就要通过特色活动的开展,引导家长多维度、深层次地走进学校,了解学校教育和人才培养的实际情况,为学校发展献计献策。着眼未来,学校将常态化地开展家长开放活动,通过亲子游戏运动会、迎新游园会、家长会等方式让家长走进校园、走进课堂,了解学校的教育、教学和管理情况。同时,学校将通过信息化技术的运用,拓展学校与家庭的沟通渠道,增进家校双方的相互了解,真正架起学校与家庭之间的沟通桥梁。

三、提升学生家长的共育能力,丰富家庭育人内涵

学校治理体系的现代化建设和家校共育问题,对学生家长的家庭教育能力和学校管理参与能力都提出了新的要求,而并非所有的家长都具备这种能力。基于此,学校要通过有效的培训指导,提升家长的共育能力。通过家长学校,传授家庭教育的科学知识和方法,促进家庭教育观念的更新,切实实现家校教育的同步发展,提高家校合作的效率与默契。要常态化开展家校互访活动,以便教师、学校为每个学生提供适合的教育方式,也给予家庭教育一定的指导。对于家长的专题培训,主题的设计不能是随机的,而是要根据我们对学生家长的现实困惑的调查和分析,真正做到学得进、用得上。不仅如此,要着眼于家长对于学校事务的深度参与,充分发掘家长资源,通过家长课堂的方式让家长通过开发课程、讲授课程的方式深度参与到学校的人才培养之中,既进一步完善学校的人才培养体系,也为家校协同育人提供更有价值的载体。

在中国式教育现代化的征程中
绽放教育情怀

时代的发展,催生教育的变革;教育的变革,依赖大量高素质、有情怀的教育工作者。

本书的写作,得益于上海市虹口区教育系统的策划和支持,"虹口·未来海派教育家"项目引导我从一个教育实践者的身份逐渐向"理论＋实践"的复合型教育工作者转型,也引发了我对于新时代成长为一名教育家型教师的思考和行动。

习近平总书记在党的十九大报告中庄严指出:经过长期努力,中国特色社会主义进入了新时代,这是我国发展新的历史方位。新的时代背景,新的历史方位,需要教育改革发展的新思维、新理念、新举措,也必然对关乎教育变革成败的教师队伍建设提出新的要求。2018 年 2 月颁布的《中共中央国务院关于全面深化新时代教师队伍建设改革的意见》,对新时代教师队伍建设进行了科学的谋划与顶层设计,其中特别提出到 2035 年,要努力"培养造就数以百万计的骨干教师、数以十万计的卓越教师、数以万计的教育家型教师"。教育部等部门制定的《教师教育振兴行动计划》提出,"实施中小学名师名校长领航工程,培养造就一批具有较大社会影响力、能够在基础教育领域发挥示范引领作用的领军人才"。这里的"领军人才"等表达方式,实际上与"教育家型教师"异曲同工。从政策的梳理可以认为,教育家型教师是教师队伍建设的最高层级,是教师专业成长的远景目标,也是提升教育质量和教育国际竞争力,进而打造人民满意教育的重要引领力量。

我始终认为,成长为一名教育家型教师,是现代校长的重要使命。优秀的校长身上不仅需要有其他领域优秀领导者的一些共性的品质和能力,更需要具有适应教育情境的专业品质和能力,比如,要有赤忱的教育之爱,要有坚定的教育理想与信念,要有不囿成规的创新精神,要有海纳百川的胸怀,要有丰富的专业知识,要有求真的科学素养,[①]要有精湛的管理和领导艺术,也要有相应的人格魅力。时代的发展,不断重塑着教育家型教师的形象,作为一名教育工作者,我对新时代的教育家型教师的标准和特质也形成了自己的理解:

新时代教育家型教师必须彰显中国特色,突出政治标准,符合我国教师队伍建设的政策要求,契合国家层面对于教师队伍建设的整体要求;

新时代教育家型教师必须注重传承历史根脉,继承和发扬我国古今知名教育家的共性品质;

新时代教育家型教师必须符合大众期待,特别是符合教师、学生、社会对于卓越教育人才的共同认知,能够获得公共的认可和肯定;

新时代教育家型教师必须符合全球标准,能够在国际教育交流平台上展示中国教育工作者的独特风采,体现世界共同认可的教育家风范。

尽管本书的写作是纳入"虹口·未来海派教育家"写作项目的,但是对我本人而言,从来也未曾以"教育家型教师"自居。尽管从事了多年的教学和管理工作,但是很长时间我的工作重心都在实践领域,对于学校办学经验、规律、思想的总结提升是有很大欠缺的。非常感谢虹口区教育系统给了我这样一个系统回顾学校改革发展历史的机会,也让我能够以一个教育研究者的身份再次去回溯自己的办学历程,这不仅是我自身的一次成长机会,也是对学

---

① 鲍传友.教育家型校长的特质与使命[J].人民教育,2018(12):30-32.

校发展负责的表现。

上外附中的发展,得益于党和国家的好政策,得益于各级党委、政府和教育主管部门的关心支持,得益于上海外国语大学的无私帮助和扶持,得益于诸多专家的精心指导,也得益于一代又一代上外附中人自己的努力,在此一并表示感谢。

我们身处的是一个急剧变化的时代,新知识、新技术、新工具的更迭速度远超于以往。在这个急剧变化的时代中,也许未来的一切都是不可知的。倒回几年,谁会想到"ChatGPT",想到"人工智能"? 世界的变化之快可能远超我们的想象。在这样的一个急剧变化的时代,教育所要迎接的挑战远远超过以往,作为教育工作者,我们应该以一种更加开放、积极的心态拥抱教育,拥抱未来,拥抱自我。

习近平总书记在党的二十大报告中指出,要"以中国式现代化全面推进中华民族伟大复兴"。中国式教育现代化是中国式现代化的重要组成部分,具有其内在的政治逻辑、历史逻辑、理论逻辑和实践逻辑,[①]也是实现中国式现代化的重要支撑。从目前的学术研究看,对于中国式教育现代化的解读和实践策略设计越来越成为研究的焦点问题。我始终认为,要形成中国式教育现代化的道路体系,最根本的就需要各个领域中具有中国特色的教育改革发展路径设计,其中,每一所学校结合自身实际对于办学发展的个性化探索将成为中国式教育现代化的重要支持体系。未来的学校改革发展,要站在更加宏观的高度,形成具有中国特色和世界影响力的学校发展实践模式,发出学校建设与改革发展的中国声音,讲好学校教育现代化的中国故事,这是中国式教育现代化的重要支撑,也是我们每一个教育工作者的努力方向。

乾坤未定,未来已来,我将和所有的教育工作者一道,以真正成为一名教育家型教师为奋斗目标,不忘初心,接续奋斗,在中国式教育现代化的伟大征

---

① 张志勇,袁语聪.中国式教育现代化道路刍议[J].教育研究,2022,43(10):34-43.

程中绽放教育情怀,贡献智慧力量!

　　不仅如此,今年是上外附中建校 60 周年,"六十年峥嵘岁月,一甲子砥砺奋进",回顾 60 年的办学历史,规划未来发展的宏伟蓝图,是今年我们学校的重要工作。在这个特殊的年份,每一个上外附中人心中都涌动着一种热情洋溢、积极向上的暖流,也都在憋着劲要通过自己的努力为学校 60 周年校庆献礼。《英才的摇篮——上外附中国际胜任力培养的思考与实践》这本书,尽管呈现的主要内容是学校近年来围绕具有国际胜任力的高素质外语预备英才培养所进行的一系列思考和探索,但是这些思考和探索根植于学校一贯坚守的办学理念和使命,与学校特殊的精神基因和办学历史密切相连,具有逻辑上的一致性。因此,在这个特殊年份撰写这样一本书,是我和上外附中师生共同献给学校 60 岁生日的一份特殊的礼物,这些文字的背后,凝结着我们对学校的深厚感情和美好祝愿。衷心祝愿我们热爱的上外附中越办越好,也期待中国基础教育更加灿烂辉煌的明天!

主要参考文献

1. 习近平.高举中国特色社会主义伟大旗帜 为全面建设社会主义现代化国家而团结奋斗——在中国共产党第二十次全国代表大会上的报告[EB/OL].(2022－10－25)[2023－01－17].https://www.12371.cn/2022/10/25/ARTI1666705047474465.shtml.

2. 习近平.决胜全面建成小康社会 夺取新时代中国特色社会主义伟大胜利——在中国共产党第十九次全国代表大会上的报告[EB/OL].(2017－10－27)[2023－02－09].https://www.gov.cn/zhuanti/2017－10/27/content_5234876.htm.

3. 中华人民共和国中央人民政府.习近平主持中央政治局第五次集体学习并发表重要讲话[EB/OL].(2023－05－29)[2023－06－17].https://www.gov.cn/yaowen/liebiao/202305/content_6883632.htm?device＝app

4. 本书编写组.习近平总书记教育重要论述讲义[M].北京：高等教育出版社，2020.

5. 阿什比.科技发达时代的大学教育[M].滕大春，滕大生，译.北京：人民教育出版社，1983.

6. 筑波大学教育学研究会.现代教育学基础[M].钟启泉译.上海：上海教育出版社，1986.

7. 联合国教科文组织.教育——财富蕴藏其中：国际 21 世纪教育委员会报

告[M].联合国教科文组织总部中文科译,北京：教育科学出版社,1996.

8. 联合国教科文组织.全球教育发展的历史轨迹——国际教育大会 60 年建议书[M].赵中建,等译.北京：教育科学出版社,1999.

9. 钟启泉,等.为了中华民族的复兴　为了每位学生的发展——《基础教育课程改革纲要(试行)》解读[M].上海：华东师范大学出版社,2001.

10. H.K.科尔巴奇.政策[M].张毅,韩志明译,长春：吉林人民出版社,2005.

11. 张华.课程与教学论[M].上海：上海教育出版社,2000.

12. 林崇德.21 世纪学生发展核心素养研究[M].北京：北京师范大学出版社,2016.

13. 霍普金斯,爱恩思科,威斯特.变化时代的学校改进[M].孙柏军编译,北京：北京师范大学出版社,2016.

14. 温恒福,杨丽.过程哲学与中国教育改革——探索中国教育改革的另一种可能[M].北京：教育科学出版社,2016.

15. 朱旭东.教师专业发展理论研究[M].北京：北京师范大学出版社,2011.

16. 经济合作与发展组织　亚洲协会.为全球胜任力而教——在快速变革的世界培养全球胜任力[M].胡敏,郝福合译,北京：北京师范大学出版社,2019.

17. 张行涛.教育与社会共变格局与过程[J].集美大学学报(教育科学版),2004(01)：42-46.

18. 陈建华.西方中小学校本发展规划研究及启示[J].比较教育研究,2004(12)：40-44.

19. 刘徐湘,胡弼成.教育学中"具体的人"——现象学的视域[J].高等教育研究,2005(03)：17-22.

20. 钟国良,张万山.试论学科德育的基本内容与功能[J].天津师范大学学报(基础教育版),2005(03)：53-57.

21. 李金碧.生涯教育：基础教育不可或缺的领域[J].教育理论与实践,2005(07)：15-18.

22. 钟启泉.从"行政权威"走向"专业权威"——"课程领导"的困惑与课题
[J].教育发展研究,2006(07)：1-7.

23. 傅树京.反思型校长专业发展模式[J].中国教育学刊,2006(11)：20-23.

24. 成尚荣.儿童立场：教育从这儿出发[J].人民教育,2007(23)：5-9.

25. 钟启泉.我国教师教育制度创新的课题[J].北京大学教育评论,2008(03)：
46-59+189.

26. 代建军.课程制度创新[J].课程·教材·教法,2008(04)：3-7+57.

27. 崔允漷.课程实施的新取向：基于课程标准的教学[J].教育研究,2009
(01)：74-79+110.

28. 曹长德.论教师专业自觉[J].安庆师范学院学报（社会科学版）,2009,28
(03)：26-31.

29. 陈建华.学校要有教育哲学追求[J].人民教育,2009(12)：2-4.

30. 王洁.从"师徒带教"到"团队成长"——基于上海市部分新教师专业成长调
研的思考[J].教育发展研究,2009,29(24)：67-71.

31. 于文华,喻平.榜样的效能：缄默知识视阈下的教师专业发展[J].教师教育
研究,2010,22(02)：49-53.

32. 顾绍琴.精细化领导——学校管理新理念[J].教育理论与实践,2010,30
(26)：21-22.

33. 徐士强.同质、多样、创新：普通高中发展热点问题辨析[J].中小学管理,
2010(10)：44-45.

34. 陈红燕.学校安全管理：从边缘化走向专门化与专业化[J].教育科学研究,
2011(04)：34-38.

35. 武和平,张维民.后方法时代外语教学方法的重建[J].课程·教材·教法,
2011,31(06)：61-67.

36. 高德胜.幸福·道德·教育[J].华东师范大学学报（教育科学版）,2012,30
(04)：1-8+18.

37. 胡瑞士.改善思维方式：校长专业成长的核心所在[J].中小学管理,2012

(05)：12 - 15.

38. 郑金洲.校长教学领导力初探[J].河北师范大学学报(教育科学版),2012,
14(11)：42 - 45.

39. 刘涛.教师成为研究者：急需澄清的三个问题[J].教育发展研究,2012,32
(12)：58 - 63.

40. 包金玲.教育去行政化与现代学校制度建设——以中小学教师人事管理为
例[J].教育发展研究,2012,32(12)：6 - 10.

41. 田贵森.后方法时代外语教学的理念与实践[J].江苏教育(中学版),2013
(10)：25 - 26.

42. 杨建超,孙玉丽.高中教育的历史演进及启示[J].河北师范大学学报(教育
科学版),2014,16(05)：46 - 51.

43. 张春利,李立群.课程资源开发的困境与对策[J].东北师大学报(哲学社会
科学版),2014(05)：284 - 286.

44. 张乐天.推进学校治理能力现代化：意义、重心与路径[J].复旦教育论坛,
2014,12(06)：5 - 9.

45. 褚宏启.教育治理：以共治求善治[J].教育研究,2014,35(10)：4 - 11.

46. 向晶.追寻目标：学生幸福的教育关照[J].全球教育展望,2014,43(11)：
17 - 24.

47. 杜明峰,范国睿.普通高中教育现代化发展指标的价值选择与建构思路
[J].教育发展研究,2015,35(01)：71 - 75.

48. 蒋红霞.价值共识：教育改革中的潜在难题[J].教育文化论坛,2015,7
(02)：94 - 96.

49. 陈克军,华文立.学校治理体系与治理能力现代化探析[J].重庆科技学院
学报(社会科学版),2015(05)：100 - 102.

50. 靖东阁.基础教育改革多元价值取向论[J].当代教育科学,2015(06)：3 - 6.

51. 陈建华.论学校教育哲学及其提炼策略[J].教育研究,2015,36(10)：57 - 63.

52. 孙自强.实践共同体视域下 U - S 合作模式的重构[J].教育研究与实验,

2016(04)：77－81.

53. 谢丽玲.德行养育：德育目标实现之根本[J].湖南师范大学教育科学学报，2016,15(06)：44－50.

54. 新华社.习近平：为我国参与全球治理提供有力人才支撑[J].中国人才，2016(19)：2.

55. 周洪宇，鲍成中.论第三次教育革命的基本特征及其影响[J].中国教育学刊,2017(03)：24－28.

56. 项贤明.创新人才培养是教育现代化的战略核心[J].中国教育学刊,2017(09)：71－75.

57. 代蕊华.校长要做有思想的实践者[J].中小学管理,2018(01)：14－15.

58. 刘雅馨，等.大数据时代教师数据素养模型构建[J].电化教育研究,2018,39(02)：109－116.

59. 王定华.新时代我国教师队伍建设的形势与任务[J].教育研究,2018,39(03)：4－11.

60. 贾文键.积极配合国家对外战略，大力培养国际组织人才——实习生国际组织胜任力研究[J].区域与全球发展,2018,2(04)：5－18.

61. 毛菊，孟凡丽.教师"立德树人"的历史流变及时代建构[J].新疆大学学报（哲学·人文社会科学版），2018,46(4)：21－26.

62. 石中英.回到教育的本体——顾明远先生对于教育本质和教育价值的论述[J].清华大学教育研究,2018,39(05)：4－11.

63. 鲍传友.教育家型校长的特质与使命[J].人民教育,2018(12)：30－32.

64. 袁国，贾丽彬.人的全面发展：教育改革的基本价值标准[J].教育理论与实践,2018,38(20)：7－9.

65. 范新萍.五育并举　全面发展[J].中国德育,2018(23)：10－11.

66. 罗莎莎，靳玉乐.新时代教育发展的特点与使命[J].教师教育学报,2019,6(02)：1－7.

67. 赵继伟."课程思政"：涵义、理念、问题与对策[J].湖北经济学院学报，

2019,17(02)：114 - 119.

68. 李新.学生的全球胜任力：内涵、结构及其培养[J].教育导刊,2019(04)：5 - 10.

69. 汪桂琼.校本研修：20 年实践回顾及未来展望[J].教育科学论坛,2019
(14)：3 - 6.

70. 代蕊华,张丽囡.校长信息化治理能力：内涵、核心要素及提升策略[J].教
师教育研究,2019,31(05)：67 - 72.

71. 高德胜.表现的学校与教育的危机[J].华东师范大学学报(教育科学版),
2019,37(06)：16 - 26.

72. 孟筱,蔡国英,周福盛.新时代教育发展的历史逻辑、理论意涵与实践路径
[J].北方民族大学学报(哲学社会科学版),2019(06)：149 - 153.

73. 徐侠侠,鲁宽民.习近平关于创新人才的重要论述及其实现路径[J].思想
理论教育导刊,2019(07)：8 - 11.

74. 项红专,刘海洋.学校愿景管理：意涵、价值及模式构建[J].教育科学研究,
2019(09)：24 - 28＋43.

75. 何玉海.关于"课程思政"的本质内涵与实现路径的探索[J].思想理论教育
导刊,2019(10)：129 - 134.

76. 朱哲,等.新时代背景下外语教育教学改革思考及建议[J].中国教育学刊,
2019(S1)：117 - 119.

77. 王红,张云婷.以德育德：新时代师德师风建设的初心、路径与保障[J].中
小学德育,2020(01)：7 - 12.

78. 花勇.论习近平全球治理观的时代背景、核心主张和治理方略[J].河海大
学学报(哲学社会科学版),2020,22(02)：1 - 8.

79. 周琼.新时代坚定文化自信的时代价值及实践路径[J].邢台学院学报,
2020,35(02)：15 - 20.

80. 李润洲.完整的人及其教育意蕴[J].教育研究,2020,41(04)：26 - 37.

81. 陈建华.论中小学办学理念的提炼与表达[J].上海师范大学学报(哲学社
会科学版),2020,49(04)：70 - 77.

82. 何国强."新技术赋能新后勤"：打造智能型学校后勤体系[J].中小学管理，2020(04)：49-51.

83. 李政涛.基础教育的后疫情时代，是"双线混融教学"的新时代[J].中国教育学刊，2020(05)：1.

84. 万昆，任友群.技术赋能：教育信息化2.0时代基础教育信息化转型发展方向[J].电化教育研究，2020，41(06)：98-103.

85. 成尚荣.立德树人与教师发展的新境界[J].西北师大学报(社会科学版)，2020，57(06)：110-116.

86. 张楠，宋乃庆，申仁洪.新时代教育评价改革的价值意蕴与实践路径[J].中国考试，2020(08)：6-10.

87. 蒲蕊.新时代学校治理的价值追求[J].中国教育学刊，2021(04)：1-4.

88. 顾秀林，张新平.党组织领导的中小学校长负责制：历史沿革、时代价值与实践路径[J].中国教育学刊，2021(05)：16-19.

89. 谢宇，董洪丹.中学小语种课程开设的现状、问题及建议——基于四川省中学日语和西班牙语课程开设情况的调查分析[J].西南大学学报(社会科学版)，2022，48(02)：177-183.

90. 彭小飞.外语课程思政建设的内涵、意义与实践路径探析[J].外语电化教学，2022(04)：29-33+113.

91. 陈坚，陈冬阳.全球治理人才培养的模式改革与实施路径[J].中南民族大学学报(人文社会科学版)，2023，43(01)：154-162+187.

92. 张贵洪，杨理伟.从霸权治理到合作治理：百年变局下全球治理体系变革的进程与方向[J].当代世界与社会主义，2022(04)：4-13.

93. 陈胜云.中国式现代性：基于中国式现代化的新现代性[J].中国矿业大学学报(社会科学版)，2022，24(04)：1-12.

94. 桂天晗，薛澜，钟玮.全球治理背景下中国国际组织人才战略的思考——基于对联合国人事数据及工作人员访谈的实证分析[J].清华大学学报(哲学社会科学版)，2022，37(05)：193-207+213.

95. 孙吉胜.中国参与全球治理与全球治理人才培养的思考[J].中国外语，2022,17(06)：4－10＋34.

96. 谢登科.对高中"双新"改革中"五对"关系的思考[J].中小学校长,2022（06）：46－48.

97. 郑有贵.中国式现代化对人类现代化的重大突破及其创新意义——基于中国式现代化的中国特色的考察[J].经济社会体制比较,2022(06)：6－14.

98. 张爽.中小学治理现代化视域下落实党组织领导的校长负责制省思[J].中国教育学刊,2022(07)：5－9.

99. 张志勇,袁语聪.中国式教育现代化道路刍议[J].教育研究,2022,43（10）：34－43.

100. 谭琳,高磊.新时代中小学学校课程体系的基本特征[J].中国教育学刊,2022(10)：104.

101. 张毅博.构筑全球治理人才培养高地[N].中国教育报,2021－05－31(05).

图书在版编目（CIP）数据

英才的摇篮：上外附中国际胜任力培养的思考与实
践 / 杜越华著. — 上海：上海教育出版社，2023.11
ISBN 978-7-5720-2397-2

Ⅰ.①英… Ⅱ.①杜… Ⅲ.①中学生－国际化－人才
培养－教学研究－上海 Ⅳ.①G632.0

中国国家版本馆CIP数据核字(2023)第226416号

责任编辑　戴燕玲
装帧设计　观止堂_未　氓

英才的摇篮——上外附中国际胜任力培养的思考与实践
杜越华　著

出版发行　上海教育出版社有限公司
官　　网　www.seph.com.cn
地　　址　上海市闵行区号景路159弄C座
邮　　编　201101
印　　刷　上海展强印刷有限公司
开　　本　700×1000　1/16　印张 14.25　插页 4
字　　数　198 千字
版　　次　2023年11月第1版
印　　次　2023年11月第1次印刷
书　　号　ISBN 978-7-5720-2397-2/G·2126
定　　价　78.00 元

如发现质量问题，读者可向本社调换　电话：021-64373213